# VAINCRE LES OEUVRES DE LA SORCELLERIE

*Par Bishop César Kassie*

VAINCRE LES OEUVRES DE LA SORCELLERIE

Copyright © 2022 by the authors.

Published by Elite Publishing Academy, Allia Business Centre, Kings Hedges Road, Cambridge, CB4 2HY, United Kingdom
www.ElitePublishingAcademy.com

All rights reserved. No part of this publication may be reproduced, stored in retrieval system, or transmitted in any form by any means, electronic, mechanical, photocopy recording, or otherwise, without the prior permission of the publisher, except as provided by United Kingdoms' copyright law.

Cover Design: www.ElitePublishingAcademy.com

First printed 2022. Printed in the United Kingdom, www.ElitePublishingAcademy.com

ISBN Paperback - 978-1-912713-53-0
ISBN eBook - 978-1-912713-54-7

# VAINCRE LES OEUVRES DE LA SORCELLERIE

Une publication des Églises Cathédrale de la Vie - BCK Ministries International

Siège principal (Côte d'Ivoire - Abidjan Riviera Faya)

Tous droits réservés.

Aucune partie de cette publication ne pourrait être reproduite, saisie ou transmise, sous aucune forme mécanique, électronique, photocopie ou autre, sans consentement écrit notifié au préalable par l'éditeur.

Ce document est protégé par la loi du droit d'auteur

Toutes les citations bibliques sont tirées en majorité de la version française Louis Segond Bible.

Ce livre peut être obtenu à L'Église Cathédrale de la Vie -BCK ministries, siège Riviera Faya et dans toutes les librairies chrétiennes.

Je voudrais glorifier le nom de notre Seigneur Jésus-Christ de Nazareth, qui m'a inspiré par son esprit saint, afin d'écrire ce livre.

Car ce parcours ministériel duquel a été tiré tous les témoignages de ce livre n'a été possible que par sa grâce.

Je voudrais glorifier, encore une fois, le Seigneur Jésus-Christ de Nazareth pour la vie et le ministère de mon père spirituel et mon mentor, dans la foi, l'Archevêque Nicholas Duncan Williams.

Pour tout son amour à l'endroit de ma famille et de ma personne pour le modèle de guerrier de prière qu' il represente pour mon ministère.

Je voudrais aussi dédicacer ce livre à ma tendre et belle épouse, **la Révérende Christine Kassié**, avec qui j'ai vécu, en grande partie, ce qui a été écrit dans ce livre.Une véritable femme de prière et de foi!

Pour son apport à cette grande vision, je salue chaleureusement **le Révérend Edouard Touré** et son épouse, **Victoire Touré**, ainsi que tous les pasteurs généraux et leurs épouses, pour leur loyauté à Jésus-Christ, à travers ce ministère.

Je voudrais dédicacer aussi ce livre à mes enfants biologiques:

Guy Arnaud , Mabea , Mahika et Yvane, qui ne cessent de m'encourager, dans ce parcours ministériel.

Par Bishop César Kassie

A ma famille biologique et élargie,

À mes frères et sœurs...

Qui sans cesse m'encouragent dans mon ministère, toute ma gratitude. À mes enfants spirituels missionnaire Charles Seanla et missionnaire Ange Seanla, pour leur dévouement, lors de la publication de ce livre, je témoigne ma reconnaissance.

À tous les pasteurs, missionnaires de la vision, à travers le monde, qui ne cessent de travailler pour l'expansion du royaume de Dieu sur terre, vous avez tous mes encouragements.

A tous les membres du conseil et chef de département des Églises Cathédrale de la Vie BCK Ministries, à travers le monde, avec à leur tête, ma mère **Charlotte Gah**, recevez mes salutations !

A tous les membres des Églises Cathédrale de la vie BCK ministries et à tous les *"guerriers" et "guerrières"* de Devançons l'aurore, sachez que je vous porte tous dans mon coeur.

Dieu se souviendra toujours de vous et Il vous bénira, au-delà de vos espérances!

Mes hommages émus à ma mère biologique, feue maman **Gahodé Augustine**, qui m'a soutenu sans faille, dans le parcours de mon ministère et à mon père biologique feu **Colonel Jacques Dié Kassié**, qui m'a enseigné que toute sorcellerie restera toujours impuissante, face à la lumière de la vérité que dégage la vie d'un véritable enfant de Dieu.

Que leurs âmes reposent en paix!

# DÉTRUIRE LES ŒUVRES DE LA SORCELLERIE AVANT-PROPOS

C'est une sagesse latine qui le dit : « Les paroles s'envolent ; les écrits restent ». Cette vérité est partagée par les grandes civilisations qui ont marqué l'histoire de l'humanité. C'est ainsi que, depuis la nuit des temps, dans la tradition hébraïque, des paroles inspirées aux prophètes et serviteurs de l'Éternel,

Dieu d'Israël, ont été consignées par écrit. Les livres de l'Ancien et du Nouveau Testaments en sont les preuves vivantes.

S'inspirant de cette démarche didactique, l'auteur de ce livre veut laisser à la postérité, un témoignage inspiré et instruit.

En effet, le Bishop César Kassié, premier responsable des Églises cathédrale de la vie -BCK ministries international, a décidé de graver dans du marbre les enseignements qu'il donne, dans son émission en ligne: « Devançons l'aurore ».

Le Bishop César Kassié a ceci de particulier: il est un homme de Dieu atypique, qui porte, tout à la fois, les figures du docteur et du prophète.

Il n'est donc pas aisé de suivre ses enseignements, sans se laisser emporter, quelquefois, dans le tourbillon de ses prières et autres déclarations de feu, visant à neutraliser les suppôts du diable.

Ce livre est donc un mélange savant du religieux, du spirituel et de l'intellectuel, ponctué de témoignages saisissants et d'enseignement profond tiré des versets de la Bible.

Les écrits du Bishop César Kassié, dans ce livre, sont semblables aux souffles sonores du chofar, la corne des anciens, comme on l'entend tous les soirs, à l'entame de chacune des émissions : « Devançons l'aurore » qu'il anime sur les réseaux sociaux.

Le son chaud du chofar qui, faut-il l'indiquer, mobilisait, jadis, l'armée du Seigneur

L'auteur, qui a l'élégance d'appeler ses auditeurs (et ses lecteurs désormais), des « guerriers » et « guerrières » de prière de l'Éternel des armées, nous invite à rester en alerte maximale, tout au long de cette lecture.

Ce, d'autant que chaque ligne de ce livre nous transporte dans la profondeur de l'Évangile, selon **Luc, au chapitre 10, verset 19:**

«Voici, je vous ai donné le pouvoir de marcher sur les serpents et les scorpions, et sur toute la puissance de l'ennemi; et rien ne pourra vous nuire.»

# TABLE DES MATIÈRES

INTRODUCTION .................................................................. 1

VAINCRE LE CALENDRIER DEMONIAQUE DE LA SORCELLERIE ................................................................. 8

BRISER LE BÂTON DE LA SORCELLERIE ............... 18

LE MANTEAU, LE SANG ET LE BATON ................... 33

VAINCRE LA PUISSANCE DES CHANTS ET DANSES FUNESTES ............................................................. 45

ÀNÉANTIR LA MONTURE SATANIQUE .................. 60

CREVER LES YEUX DES CHIENS QUI HANTENT TES SONGES ..................................................................... 67

FERMER LE MAUVAIS ŒIL OU CREVER L'ŒIL D'HIBOU ............................................................................. 81

REFUSER TOUTE INITIATION À LA SORCELLERIE INCONSCIENTE.................................................................100

EFFACER LES MARQUES SATANIQUES LAISSÉES SUR TOI............................................................................... 122

ÉVITER LE PIÈGE DES CADEAUX ENVOÛTÉS .....137

ÉLIMINER LES CHIENS SATANIQUES DE TA VIE ................................................................................................. 145

COMBATTRE LA MARQUE NÉGATIVE DES NOMS .................................................................................................157

Par Bishop César Kassie

REMPORTER LA VICTOIRE SUR LA MARQUE NÉGATIVE DE TON NOM.................................................165

LA VICTOIRE DES NOMS PROPHETIQUES SUR TOUTES LES ATTAQUES DIABLOQUES ..................175

# INTRODUCTION

Cher lecteur, je ne saurais traiter efficacement ce thème:

«Détruire les œuvres de la sorcellerie »,sans tout d'abord chercher à définir le sens etymologique du mot sorcellerie, afin de mieux le comprendre.

Que signifie la sorcellerie?

En réponse à cette question, il faut savoir que La sorcellerie peut se définir comme une pratique maléfique, une manœuvre diabolique, par laquelle, une personne méchante, exerce une action néfaste sur une autre personne, par le moyen des sorts, des envoûtements, des possessions et autres.

Comment le sorcier exerce-t-il cette pratique maléfique sur sa victime ?

Autrement dit, quels sont les différents stratagèmes, appelés ici « œuvres », que le sorcier déploie-t-il pour détruire la vie de sa victime ou la tuer ?

## VAINCRE LES OEUVRES DE LA SORCELLERIE

En réponse à ces attaques spirituelles , quelles sont les techniques de prière que le chrétien doit-il mettre en place pour réduire à néant ces œuvres malveillantes de la sorcellerie ?

Voici autant de questions auxquelles je vais apporter des éclaircissements, dans les lignes qui suivent.

Pour donner de l'épaisseur à mon enseignement, je vais l'illustrer avec de multiples témoignages édifiants.

Il s'agit d'histoires insolites vécues par moi-même, au cours de mon parcours ministériel de serviteur de Dieu ou par des personnes proches, qui te permettront de bien comprendre les réalités spirituelles que cachent certaines pratiques du méchant, et que j'ai regroupées sous l'appellation d'« armes de la sorcellerie ».

Il faut noter, avant tout propos, que, même si les agents du diable, dans la pratique de la sorcellerie, agissent tout temps, il faut noter que ces derniers choisissent très souvent des périodes et des heures bien indiquées pour faire le mal.

Par exemple, l'une des périodes de prédilection, au cours de laquelle le monde de la sorcellerie opère, c'est la fin de l'année. C'est en décembre, le dernier mois de l'année, en l'occurrence, que l'ennemi attaque beaucoup les vies et les personnes.

C'est une chose connue de tous. C'est pourquoi, la fin de l'année, pour toi, doit être une saison indiquée pour proclamer des paroles fortes contre les œuvres de la sorcellerie.

Il y a aussi des heures précises que les sorciers affectionnent. Il s'agit des heures allant de minuit à 4 heures du matin.

Cher lecteur, il y a une vérité que tu ne dois jamais perdre de vue.

Cette réalité est que, là où le diable vient semer la désolation, la déchéance ou la mort, c'est aussi là que la puissance de Dieu vient s'exercer pleinement pour te redonner l'espérance et la vie.

**Jean 10 v10 :**

« Le voleur ne vient que pour dérober, égorger et détruire; moi, je suis venu afin que les brebis aient la vie, et qu'elles soient dans l'abondance »

Cher « guerrier » ou « guerrière » du Seigneur, toi qui me lis, sache donc que l'heure de ta délivrance, celle de ta libération totale, a sonné désormais.

Tu te dis certainement : « Je comprends toutes ces choses, mais hélas, je n'arrive pas à me libérer. »

Si tel est ton cas, tu es le genre de personne qui a besoin véritablement de notre prière de libération.

C'est cette mission de délivrance et les techniques de prière adaptées, que je mets à la disposition du grand public, depuis un certain temps, à travers l'émission que j'anime, tous les soirs, sur les réseaux sociaux, dénommée: « Devançons l'aurore ».

En effet, « Devançons l'aurore » est un temps d'antenne, au cours duquel, la divinité, c'est-à-dire notre Seigneur Jésus-Christ de Nazareth, rencontre l'humanité.

À la vérité, ces lignes que je couche sur du papier ne visent pas tout le monde, mais c'est plutôt ceux qui sont véritablement fatigués et chargés, car c'est à ceux-là que le Seigneur Jésus-Christ a promis le repos, selon

**Mathieu 11 v 28 :**

« Venez à moi, vous tous qui êtes fatigués et chargés, et je vous donnerai du repos »

C'est pourquoi, comme j'ai l'habitude de le dire, si tu étais découragé, face à toutes les oppressions de la sorcellerie, lève-toi car l'heure de la délivrance a sonné pour toi, au nom de Jésus -Christ.

Car Jésus- Christ est la seule porte pour te permettre de sortir de toute cette injustice.

**Jean 10 v9**

*" Je suis la porte. Si quelqu'un entre par moi, il sera sauvé; il entrera et il sortira, et il trouvera des pâturages."*

Par Bishop César Kassie

Cette heure est celle qui consacre ta victoire au combat pour renverser définitivement les œuvres de la sorcellerie qui paralysaient ta vie, jusque-là.

Ne perds donc pas ce combat, en restant couché, endormi ou inactif.

Je crois, par la victoire que le Seigneur Jésus-Christ a manifesté à la croix, que tu seras victorieux sur toute œuvre de la sorcellerie, sur toute manœuvre diabolique qui t'oppresse.

J'ai observé, dans la prière, cette saison dans laquelle nous vivons. Et je peux t'assurer que l'heure est grave

C'est souvent que nous tendons l'oreille et que nous entendons des choses terribles comme : " *Telle personne a dormi et elle ne s'est plus réveillée.*" En effet, nous tendons l'oreille çà et là et qu'est-ce qui nous parvient comme nouvelles ? Nous entendons, hélas, de mauvaises nouvelles, telles que: *"Telle personne partait à l'aéroport, et elle est décédée."* Lorsque tu te connectes aux réseaux sociaux, tu entends réellement des choses qui te font peur.

Voilà pourquoi, j'aimerais te dire que, l'une des plus grosses stupidités qu'un homme puisse manifester, c'est de croire que Satan n'existe pas. Que cela ne soit pas ton cas, car Dieu t'a mandaté afin que ce qui est rentré par un être humain, appelé sorcier ou sorcière, dans ta famille, puisse en ressortir, pour toujours, au nom de Jésus-Christ

Voici pourquoi tu dois recourir à la prière de combat.

Comme Joseph dans la Bible, je déclare, au nom de Jésus-Christ de Nazareth que, tout malheur que les suppôts du diable t'ont souhaité, se transforme en bonheur.

En témoigne le livre introductif de **Genèse 50 v20**:

*"Vous aviez médité de me faire du mal: Dieu l'a changé en bien, pour accomplir ce qui arrive aujourd'hui, pour sauver la vie à un peuple nombreux."*

C'est pour toutes ces choses que j'ai cité plus haut, que je m'évertue à partager mon expérience de serviteur l'Éternel Dieu avec toi.

Dieu m'a fait savoir que, pour venir à bout de l'adversaire, qui est ici, le sorcier ou la sorcière, il faut connaître les armes qu'il ou elle utilise contre toi. Il s'agit d'une batterie d'armements spirituels dont nous verrons le mode d'emploi par l'ennemi pour faire du mal à sa victime.

La première stratégie des sorciers est la planification des dates et périodes de malheur ou d'attaques.

En effet, ces méchants arrivent à planifier , à arrêter des dates ou des événements malheureux, qui doivent atteindre des personnes.

Ils le font à partir de ce que j'ai appelé : *" le calendrier de la sorcellerie."* A quoi sert ce calendrier?

Comment programment-ils ces événements malheureux que nous nous attelons à combattre, par notre Seigneur Jésus-Christ?

# VAINCRE LE CALENDRIER DEMONIAQUE DE LA SORCELLERIE

Je voudrais porter à ton attention que toute confrérie de sorcellerie agit à travers un plan d'action bien préparé et élaboré.

Les agents de cette confrérie arrivent à mettre leur plan en œuvre, grâce à un calendrier démoniaque. Comment procèdent-ils?

Pour mieux comprendre, il faut d'abord définir le calendrier.

Un calendrier est défini comme un système de division du temps en années, en mois et en jours.

Maintenant, il faudrait savoir que le rôle d'un calendrier est celui d'indiquer la date c'est-à-dire le jour, le mois et l'année se rapportant à un événement précis, passé ou à venir.

Depuis le livre de la Genèse, du chapitre 1 du verset au 14, puis au verset 18, l'éternel Dieu va créer les luminaires, dans l'étendue du ciel, non seulement pour éclairer la terre, mais aussi pour présider au jour et à la nuit, c'est à dire donner une direction au jour et la nuit .

Le mot présider ici, dans ce verset, fait référence au mot hébreux Mashal, qui veut dire: diriger , gouverner , dominer.

Mais, lorsque vous relisez attentivement le verset 14, un autre mot attire votre attention.

Il s'agit du verbe marquer, car ce verset dit que ces luminaires sont des signes pour marquer les époques, les jours et les années.

Cela veut tout simplement dire que, à travers les luminaires qui sont la lune, le soleil et les étoiles, il est possible de donner une direction à une journée, à un mois ou à une année. La portion de l'Ecriture, tirée du livre de

**Genèse 1, du verset 14 au 18**, le montre bien:

*" 14: Dieu dit: Qu'il y ait des luminaires dans l'étendue du ciel, pour séparer le jour d'avec la nuit; que ce soient des signes pour marquer les époques, les jours et les années;*

*15: Et qu'ils servent de luminaires dans l'étendue du ciel, pour éclairer la terre. Et cela fut ainsi.*

*16: Dieu fit les deux grands luminaires, le plus grand luminaire pour présider au jour, et le plus petit luminaire pour présider à la nuit; il fit aussi les étoiles.*

*17: Dieu les plaça dans l'étendue du ciel, pour éclairer la terre,*

*18: Pour présider au jour et à la nuit, et pour séparer la lumière d'avec les ténèbres. Dieu vit que cela était bon."*

**(version Louis Segond)**

Voici pourquoi la sorcellerie utilise beaucoup les luminaires également, afin de donner une direction négative à une journée , un mois ou une année, à la destinée d'une personne ou une famille.

Cela revient à dire que ils peuvent planifier sur leur calendrier une date, un mois etc .. auxquels un événement malheureux doit arriver, dans la vie de quelqu'un. Si, pour son malheur, cette personne concernée ne demeure pas dans la prière de combat, elle subira ce qu'il on prévu, sur leur calendrier démoniaque, contre elle.

Voici pourquoi certaines personnes verront que il y a des événements qui se répètent dans leurs vies, chaque année, à des périodes bien précises.

Pour certains, un problème de santé, un accident de la circulation, un décès familial etc...se répètent.

Qui a donc planifié cette injustice que vous subissez, dans votre vie, selon un calendrier démoniaque?

Je me souviens, dans les années 2000, un homme de 49 ans arriva dans mon bureau et m'expliqua que, depuis l'âge de 9 ans, il tombait malade chaque année, précisément, dans le mois de septembre.

J'étais très surpris de savoir que quelqu'un avait la santé affectée, chaque année, dans le même mois et cela depuis tant d'années.

Après l'avoir écouté, j'ai tout de suite compris, grâce au Saint-Esprit, que cela était l'œuvre de la sorcellerie et de leur calendrier démoniaque.

Après des prières et des temps de jeûne il a été délivré par notre seigneur Jésus-Christ.

Cette délivrance nous a permis de comprendre que cet homme était victime de la deuxième épouse de son père, qui le trouvait très intelligent à l'école, par rapport à son propre fils.

Prise de jalousie, elle lui lança ce sort, afin de l'empêcher d'aller à l'école convenablement.

Voyez vous comment une action de la sorcellerie, planifiée à partir d'un calendrier démoniaque, peut détruire la vie d'une personne, à une période bien précise !

Pour cet homme, cette période était le mois de septembre.

Je déclare, au nom de Jésus-Christ, que, si vous êtes vous aussi victimes de calendrier démoniaque, que votre délivrance soit immédiate, pendant que vous lisez ce livre.

Il existe aussi des personnes capables de programmer des décès, à partir de ces mêmes calendriers démoniaques.

**La Bible en parle, notamment, dans le livre de 2 rois 6, du verset 28 au verset 29 :**

*"28. Et le roi lui dit: Qu'as-tu? Elle répondit: Cette femme-là m'a dit: Donne ton fils! nous le mangerons aujourd'hui, et demain nous mangerons mon fils.*

*29 Nous avons fait cuire mon fils, et nous l'avons mangé. Et le jour suivant, je lui ai dit: Donne ton fils, et nous le mangerons. Mais elle a caché son fils."*

Cette histoire biblique relate bien l'existence d'un calendrier démoniaque et démontre que toute chose négative qui arrive à une personne ou à une famille est bel et bien planifiée, à partir de ce calendrier démoniaque.

Car ce texte explique comment deux mères ont planifié, dans le secret, la mort de leurs deux enfants.

Je voudrais ici souligner deux mots dans le verset 28.

Le premier terme utilisé est celui cité, dans la phrase : Nous le mangerons aujourd'hui.

Le second mot est employé, dans la phrase: 'Et demain, nous mangerons mon fils."

Voyez-vous comment les choses sont planifiées ?

Certes, les deux enfants sont condamnés à mourir par leurs deux mères, mais elles prennent le soin de planifier la mort de l'un des enfants ce jour-là et de l'autre, le jour suivant.

Donc, les deux décès ne pouvaient pas avoir lieu, le même jour.

Je déclare que cela ne sera pas ton cas, car le Seigneur détruit, maintenant, tout pouvoir d'un calendrier démoniaque de la sorcellerie, dans ta vie .

Sache que tout calendrier démoniaque que les méchants détiennent, dans le monde des ténèbres, a des noms inscrit là- dessus .

De la même manière qu'il y a un calendrier chez toi, et qu'il y a, pour chaque jour indiqué, un nom inscrit, c'est de cette façon que les adeptes du diable marquent un nom sur un jour, non pas pour qu'il soit une bonne, mais une mauvaise journée pour toi. Cependant, je déclare, avec assurance: « Cela n'aura pas d'effet sur ta vie, au nom de Jésus-Christ de Nazareth.»

**Prie avec avec moi, et proclame :**

Je détruis tout calendrier de la sorcellerie par le Sang de Jésus et par le feu de Dieu, au nom de Jésus.

Toute programmation de la sorcellerie pour me mettre à terre cette année, est annulée, au nom de Jésus-Christ de Nazareth.

Tout calendrier de la sorcellerie, contre mon élévation, cette année, soit exposé et anéanti, au nom de Jésus-Christ de Nazareth.

Toute confrérie de la sorcellerie, qui construit un autel démoniaque contre ma famille et moi, cette année, soit détruite, au nom de Jésus- Christ de Nazareth.

Tout sorcier qui prépare un piège et un complot, contre ma destinée et celle de ma famille, cette année, meurt, au nom de Jésus- Christ de Nazareth

Toute programmation du diable sur mon lieu de travail, préparée contre moi, à partir d'un calendrier de la sorcellerie, est détruite, au nom de Jésus- Christ de Nazareth

Je déclare qu'il y ait confusion, dans le camp des méchants qui en veulent à ma destinée, au nom de Jésus - Christ de Nazareth.

Je déclare , que mes ennemis tomberont dans leur propre piège préparé contre ma famille et moi cette année, au nom de Jésus-Christ de Nazareth.

Je déclare que tout sorcier qui planifie, à partir d'un calendrier démoniaque, de renverser mes projets, soit frappé par le jugement de Dieu, au nom de Jésus- Christ de Nazareth.

Je déclare Que Toute manœuvre de sorcellerie organisée pour créer des blocages, autour de moi, se disperse maintenant, par le feu du Saint-Esprit, au nom de Jésus-Christ de Nazareth.

Oh Père céleste, que les attaques de mes ennemis échouent et retournent à l'envoyeur, au nom de Jésus-Christ de Nazareth.

Je déclare que tout piège satanique de la sorcellerie, qui vient cette année contre moi, comme une lave de feu, retourne à l'envoyeur, par le feu, au nom de Jésus-Christ de Nazareth.

Je déclare que Je sors de toute cage démoniaque programmée pour me piéger cette année, au nom de Jésus - Christ de Nazareth.

Je déclare que Tout piège de la sorcellerie préparé, à partir d'un calendrier démoniaque, pour me faire renvoyer de mon travail, échoue maintenant même, au nom de Jésus- christ de Nazareth.

Je déclare que tout plan de la sorcellerie préparé, à partir d'un calendrier démoniaque, pour me faire tomber dans le péché, échoue maintenant même, au nom de Jésus-Christ de Nazareth.

Je déclare que toute manœuvre de la sorcellerie, à partir d'un calendrier démoniaque, pour créer la confusion dans ma famille, retourne à l'envoyeur, au nom de Jésus- Christ de Nazareth.

Je déclare que le sang puissant de Jésus- Christ de Nazareth détruit toutes les œuvres de la sorcellerie qui se lèveront contre ma famille et moi cette année.

Je déclare que tous mes ennemis, qui complotent pour me voler mes bénédictions cette année, sont détruits par le feu du Saint-Esprit, au nom de Jésus- Christ de Nazareth.

je déclare que tout pouvoir de la sorcellerie, à partir d'un calendrier démoniaque, qui veut envoûter ma famille afin de les retourner contre moi, est détruit, par le feu du Saint-Esprit, au nom de Jésus-Christ de Nazareth.

Je déclare que tout serpent de la sorcellerie, qui empoisonne les pensées des membres de ma famille contre moi, meurt maintenant même, au nom de Jésus-Christ de Nazareth.

Par Bishop César Kassie

Je déclare que tout plan d'un calendrier démoniaque, qui opère pour détruire ma vie, retourne à l'envoyeur, au nom de Jésus- Christ de Nazareth.

# BRISER LE BÂTON DE LA SORCELLERIE

Il y a de cela quelques années, je me souviens qu'un jour, je me suis enfermé dans la présence de Dieu, du matin jusqu'au soir, car Il m'avait convaincu de le faire, en me disant : « Viens afin que je t'informe sur les choses à venir . »

Et ce jour-là, le Seigneur me parlait des hommes, des femmes, des enfants et des familles qui étaient sous l'emprise de la sorcellerie dans le monde. Il me disait: *"Je t'envoie afin que cette oppression prenne fin maintenant."*

Ce qui m'a le plus marqué, c'est que le lendemain matin, vers 5h30 du matin, un frère de la cellule de prière que je dirigeais, à l'époque, tapa à la porte de ma chambre, en me disant qu'il avait un message pour moi car le Seigneur l'avait visité, dans la nuit.

je l'ai écouté et il m'a dit les mêmes paroles que j'avais moi-même entendues, la veille, dans mon temps d'intimité avec le Seigneur.

Comme quoi, le Seigneur venait de me confirmer cette mission par la bouche dudit frère.

Et depuis ce jour, une onction extraordinaire pour la délivrance m'a visité et par cette onction aujourd'hui des milliers de personnes sont délivrées, à travers le monde, des oppressions démoniaques et de la sorcellerie aussi, au nom de Jésus-Christ de Nazareth.

Alors, que tu sois en Afrique, en Asie, en Europe, aux États-Unis etc, sache que tu dois prier contre les œuvres de Satan, le patron des méchants .

À partir de maintenant, tu dois commencer à forger en toi une vie de prière basée sur le combat, afin de détruire les œuvres de la sorcellerie.

La Bible ne mentionne-t-elle pas que notre Dieu est aussi un Dieu de combat?

**Psaumes 24 v 8:**

*" Qui est ce roi de gloire? -L'Eternel fort et puissant, L'Eternel puissant dans les combats"*

La prière de combat est un moyen très puissant pour détruire les œuvres de la sorcellerie et les prisons démoniaques de toutes sortes.

**Actes 16 v 25 à 26:**

V25:

*"Vers le milieu de la nuit, Paul et Silas priaient et chantaient les louanges de Dieu, et les prisonniers les entendaient."*

V26:

*" Tout à coup, il se fit un grand tremblement de terre, en sorte que les fondements de la prison furent ébranlés; au même instant, toutes les portes s'ouvrirent, et les liens de tous les prisonniers furent rompus."*

Dans ces versets, nous voyons comment, par la force de la prière, l'Éternel Dieu a délivré ses serviteurs Paul et Silas de la prison et de l'oppression démoniaque qu'ils subissaient, injustement.

De la même manière que l'Éternel Dieu des armées l'a fait pour eux, je déclare qu'Il le fera aussi pour toi, au nom de Jésus -Christ de Nazareth.

Mais, comme j'ai l'habitude de le dire, la prière sans enseignement manquera de force et de puissance.

Car, souvenez-vous que, dans le livre de **Luc 11**, au **verset 1**, la Bible déclare:

Jésus priait, un jour, en un certain lieu. Lorsqu'il eut achevé, un de ses disciples lui dit: *"Seigneur, enseigne-nous à prier, comme Jean l'a enseigné à ses disciples."*

Cela revient à dire que la prière, elle- même, est un enseignement. Alors, comment prier efficacement, si vous n'êtes pas enseignés?

C'est pourquoi l'enseignement contenu, dans ce livre, est donné, afin de changer le niveau de votre vie de prière.

Vous devez devenir une guerrière ou un guerrier de la prière.

Il faut savoir qu'en dehors du calendrier démoniaque, la sorcellerie a des armes privilégiées qu' utilise le sorcier, contre les personnes et les familles.

L'une des armes beaucoup utilisées par le sorcier, c'est le bâton de la sorcellerie. Il s'agit d'une arme redoutable qu'il te faut détruire absolument.

**Ésaïe 14 v5 :**

" *l'Éternel a brisé le bâton des méchants, La verge des dominateurs.* "

Lisons le passage suivant :

**Psaumes 125 v3 :**

*"Car la verge de la méchanceté ne restera pas sur le lot des justes, afin que les justes ne tendent pas les mains vers l'iniquité. "*

La plupart des personnes qui sont esclaves de la sorcellerie ne le savent pas. Mais, des gens éclairés par la parole de Dieu, qui vivent dans leur entourage, savent que ces personnes sont victimes de la sorcellerie.

Ces personnes ensorcelées, qui devraient briller et qui sont nées pour régner, seront mises, malheureusement, sous le boisseau, sous l'éteignoir. Comment la lumière peut-elle être placée sous le boisseau?

La lumière a été créée pour être mise sur le chandelier, pour luire.

**Mathieu 5 vI5:**

*"Et on n'allume pas une lampe pour la mettre sous le boisseau, mais on la met sur le chandelier, et elle éclaire tous ceux qui sont dans la maison."* Qui est né dans ta famille, et qui se trouve encore sous le boisseau?

Combien sont-ils nés pour obtenir des promotions extraordinaires, dans le domaine du travail, mais qui sont en réalité encore au chômage?

Combien doivent-ils se marier, depuis plusieurs années, mais tardent encore à la faire ?

Combien de personnes sont-elles nées pour accomplir une destinée extraordinaire, mais, hélas, qui vivent encore le contraire?

Je déclare maintenant que cette ruse, cette manigance du diable, est mise à nu et elle est annulée, au nom de Jésus-Christ de Nazareth.

Pendant que tu lis ce livre, que cette déclaration que j'ai faite envoie la bénédiction dans ta vie, et que ta vie ne soit plus jamais désastreuse.

Que l'Eternel Dieu, qui m'a parlé ce jour-là, dans cette chambre et qui m'a oint avec cette onction extraordinaire de délivrance, se présente à toi, avec des signes et des miracles, au nom de Jésus - Christ de Nazareth.

Je déclare que tu seras plus élevé, tu iras dans les hauteurs, au nom de Jésus-Christ.

Enfant de Dieu, je ne peux pas parler des deux passages bibliques de Esaïe 14 v 5 et Psaume 125 v 3, mentionnés plus haut, sans partager avec toi, le témoignage suivant.

Un jour, un homme sorti de sa maison, comme d'habitude, pour aller au boulot.

Et en route cet homme a vu qu'il y avait un mouton de couleur noire qui passait devant lui.

Ne comprenant pas ce qui se passe, il se demanda, qui a bien pu laisser son mouton errer en pleine ville.

De retour du travail, cet homme va croiser le même mouton. Il décida de téléphoner à sa femme, séance tenante, pour le lui dire, mais malheureusement, il va décéder, curieusement, en piquant une crise, dans son véhicule, avant de regagner son domicile.

Quelle est cette façon de mourir, aussi mystérieuse ?

D'où venait ce mouton et comment a-t-il été transporté là, à deux reprises, dans la même journée, afin que cet homme meure dans des conditions aussi dramatiques ?

Voici des choses que personne ne peut s'expliquer et qui soulèvent des interrogations.

Jusqu'à quand vas-tu continuer de prendre la prière à la légère ?

Pendant combien de temps encore, vas-tu dormir sans prier ?

Ne sais-tu pas que tu es l'espoir d'une famille ?

Ne sais-tu pas qu'il y a des personnes qui comptent sur toi ?

Ne sais-tu pas que, dans le même temps, où tu lis ce livre, il y a quelqu'un ou quelqu'une, quelque part, qui lutte pour qu'un malheur t'atteigne?

Tu es désormais, le guerrier, la guerrière de prière, dans ta famille, alors lève- toi, dans la prière !

L'homme qui a été tué, après avoir vu, à deux reprises, le mouton noir, était également l'espoir d'une famille.

Il s'est réveillé le matin, selon le dicton qui dit que l'avenir appartient à ceux qui se lèvent tôt. L'avenir, dit-on, également, appartient aussi aux gens qui sont battants. Cet homme était battant et combatif, vraisemblablement.

Mais un mouton noir de la sorcellerie lui est apparu, de façon démoniaque, ce jour-là.

D'après les mots de son épouse, son défunt mari lui avait répondu, ce jour-là, au téléphone, lorsqu'elle lui proposa de prier : " *Non, pas besoin de ça, ma femme. Ce n'est qu'un mouton noir!*" Il lui avait répondu, tout en riant.

Malheureusement pour lui, il n'était pas un homme de prière.

Dans le cas contraire, ce mouton allait réaliser qu'il s'est engagé sur le mauvais chemin.

Car la lumière et les ténèbres ne peuvent pas cohabiter ensemble. En effet, la lumière a toujours la victoire sur les ténèbres.

Malheureusement, cet homme est mort.

Oui, encore une vie écourtée par les œuvres de la sorcellerie.

Il a eu juste le temps d'appeler sa femme et de l'avertir en ces mots : "*mon épouse, quelque chose de bizarre vient de m'arriver. J'ai vu un mouton noir, le matin, en allant au travail. Je rentre le soir et je vois le même mouton noir.* "

Malheureusement, il ne prendra pas au sérieux le conseil de sa femme qui lui avait demandé de prier.

Hélas, il n'arrivera jamais chez lui, car il va mourir sur le chemin de retour.

Je déclare que tu ne mourras pas de cette façon, au nom de Jésus - Chris de Nazareth.

Qui a programmé ta mort, le royaume de la sorcellerie?

À cet instant même, le bâton des méchants préparé contre toi est brisé, au nom de Jésus-Christ de Nazareth. Après avoir soutenu son épouse, dans la prière, après cette perte tragique de son mari, nous avons réalisé que la mort de son mari était l'œuvre effectivement de la sorcellerie.

Il avait été condamné par sa propre mère qui, quelques jours après sa mort, avouait que c'était elle qui était la responsable car, dans sa confrérie, elle avait des dettes.

Et elle poursuivie pour dire qu' elle a pu le faire, grâce à son arme spirituelle qui était un bâton. Il a juste fallu déposer la photo de son fils, selon ses dires, dans une bassine d'eau et toucher la poitrine de son fils sur la photo, à l'aide de son bâton de la sorcellerie, afin de provoquer un problème cardiaque.

Voyez vous comment, à partir d'une simple photo, elle a pu condamner son propre fils à l'aide de son bâton!

Je déclare que, tout bâton de la sorcellerie contre ta vie et celle de ta famille, est vaincu, au nom de Jésus -Christ de Nazareth.

Avant d'aller en profondeur sur le fonctionnement de ce bâton et comment le détruire par la puissance du nom de Jésus -Christ, je voudrais partager cet autre témoignage avec toi .

Un jour, lorsque nous étions à Paris, on me rapporta les conditions mystérieuses du décès d'un jeune homme. Ce jeune dont je tairai le nom, avait une mère qui faisait la restauration. Les affaires de sa mère marchaient bien. La mère priait, de temps en temps mais elle n'avait pas une vie de prière assidue. Son enfant, lui, ne priait pas du tout et il s'était même fait connaître comme un ennemi de ceux qui annonçaient l'évangile de notre Seigneur Jésus -Christ.

Vous voyez, souvent, nous prions pour nous, mais prions aussi pour nos enfants, afin qu'ils donnent leur vie au Seigneur Jésus-Christ de Nazareth.

Sache que tu ne dois pas prier seulement pour toi, mais aussi pour tes enfants et tes proches. La maman s'est dite : *" Je prie quand je peux, donc pas de problème. "*

Mais cela ne suffisait pas; son enfant menait une vie qui ne glorifiait pas le nom du Seigneur. Un matin, l'enfant décida de venir à Abidjan. Il prit sa voiture pour aller à l'aéroport. Sur la route de l'aéroport, il descendit de son véhicule et voici ce qu'il demanda aux automobilistes autour de lui: « Vous me voulez quoi ? » Il posa cette question plusieurs fois de suite. Ensuite, il s'effondra et mourut.

Quelle est cette mort mystérieuse qui interroge la conscience humaine?

*Que voyait ce jeune homme, lorsqu'il interrogeait les automobilistes?*

On retrouva son corps sans vie auprès de son véhicule.

Chose curieuse, la maman a fait un songe, la veille de la mort de son fils, dans lequel, sa sœur à elle, poursuivait son fils et l'a assommé à la nuque avec un bâton. Dans son songe, son fils était mort, saignant du nez et de la bouche.

Mais, à son réveil, elle s'est dite: " *Ce n'est qu'un mauvais songe!* "

Le jour de la mort de son fils, le corps présentait les mêmes signes que elle avait vu dans son songe: le défunt a saigné du nez et de la bouche, comme dans son songe.

Je déclare que toutes manœuvres de la sorcellerie contre ta vie et celle ta famille échoue maintenant, au nom de Jésus-Christ de Nazareth.

Je déclare que toute négligence à caractère démoniaque qui brise ton discernement soit détruit maintenant, même au nom de Jésus - Christ.

**Prie et proclame ces paroles avec moi:** Toute incantation diabolique qui a été envoyée contre moi est vaincue, au nom de Jésus-Christ de Nazareth

Je déclare, par le feu de l'esprit de Dieu, quel que soit l'endroit où je suis représenté par une image , une photo , une statuette, afin de mettre fin à ma vie, le feu de Dieu descend et consume maintenant cet endroit, au nom de Jésus -Christ de Nazareth

Oh Seigneur Jésus-Christ, accorde-moi une onction fraîche, pour vaincre toute force négative qui combat ma vie .

Au nom de Jésus-Christ de Nazareth, je déclare que le feu de Dieu localise et détruit le trône de la sorcellerie.

Au nom de Jésus-Christ de Nazareth, je déclare que tout siège de la sorcellerie, dans ma maison, mon lieu de travail, dans ma famille, est consumé par le feu du Saint -Esprit

Au nom de Jésus -Christ de Nazareth, je déclare que Tout refuge des sorciers, dans ma maison, soit détruit par le feu du Saint -Esprit.

Je déclare qu'au nom de Jésus -Christ de Nazareth, toute manœuvre de la sorcellerie, depuis mon village, pour détruire ma santé , mon foyer , ma famille, soit détruite et mis en pièces.

Je déclare que mon âme, mon esprit et mon corps sont libérés de tout envoûtement des sorciers, au nom de Jésus - Christ de Nazareth.

Je déclare que toute goutte de mon sang ou celui de ma famille, sucée par un sorcier quelconque, soit vomie maintenant, au nom de Jésus -Christ de Nazareth.

Je déclare, au nom de Jésus-Christ de Nazareth, que le sang utilisé pour l'initiation à la sorcellerie, dans ma famille, est consumée par le feu du Saint-Esprit.

Au nom de Jésus -Christ de Nazareth je libère mes mains et mes pieds de tout envoûtement et de toute servitude des sorciers, par le feu du Saint-Esprit.

Au nom de Jésus -Christ de Nazareth, j'interdis tout rassemblement des sorciers de mon village, de ma famille, des autres localités et d'autres familles contre ma vie.

Je déclare Que le feu du Saint-Esprit disperse maintenant même, toute confrérie de la sorcellerie qui complote contre ma vie et celle de ma famille, au nom de Jésus-Christ de Nazareth.

Je déclare, au nom de Jésus -Christ, que tout sorcier en train d'enquêter sur mes affaires pour les détruire et manipuler mes finances, tombe et meurt.

Je déclare au nom de Jésus-Christ que, toute flèche de la sorcellerie lancée contre moi pour m'ôter la vie ou ôter la vie à un membre de ma famille, retourne à l'envoyeur.

J'ordonne, au nom de Jésus-Christ de Nazareth, que toute bénédiction de ma vie avalée par les sorciers soit vomie, maintenant même.

Au nom de Jésus-Christ, je déclare que tout manteau de la sorcellerie, dans ma famille, prend feu maintenant même, par la puissance du Saint-Esprit.

Je déclare, au nom de Jésus-Christ, que toute banque et forteresse des sorciers, dans lesquelles sont retenues mes bénédictions, sont détruites maintenant même, par le feu du Saint-Esprit.

Oh Seigneur Jésus-Christ de Nazareth, que ton feu descende et dévore toute assemblée des sorciers qui est en train de vouloir détruire ma vie et mes projets.

Je déclare, au nom de Jésus-Christ de Nazareth, que le bâton de la sorcellerie opérant contre ma vie, est brisée en pièces, par l'épée du Saint-Esprit.

Par l'autorité du nom de Jésus-Christ de Nazareth, je rassemble toutes les malédictions des sorciers prononcées contre ma vie et je les renvoie à ceux qui les ont prononcées, maintenant même.

Je déclare, au nom de Jésus-Christ, que tout animal ou viande qui est utilisé pour tenter de me représenter, dans le monde de la sorcellerie, est consumée par le feu du Saint-Esprit.

Le bâton des méchants, dont il est question ici, c'est quoi exactement ? C'est l'objet qu'on donne à un sorcier, lorsqu'on le consacre, afin de détruire des vies et aussi se déplacer. Nous prendrons le temps d'en parler, dans les lignes qui suivent.

# LE MANTEAU, LE SANG ET LE BATON

Lorsqu'on consacre ou établit un sorcier, on lui donne trois choses:

La première chose c'est le manteau. (On en reparlera plus tard.) La deuxième chose qu'on donne au sorcier, c'est le sang, afin que son cœur ne soit plus un cœur humain, c'est-à-dire sensible. C'est pourquoi, il n'est pas exact de dire: « Si une personne de ma famille devrait me tuer, il y a longtemps qu'elle l'aurait fait.»

Une telle affirmation manque de maturité spirituelle, car avant, ton parent n'avait pas encore bu le sang que donne la sorcellerie à tous ses adhérents.

c'est maintenant que cette personne a bu ce sang, donc c'est maintenant qu'il va chercher à te tuer, ou à te faire du mal car son cœur n'est plus sensible.

La maman qui a mis son propre enfant au monde, une fois qu'elle aura bu ce sang, ne le verra plus comme son enfant, mais comme on le dit en Côte d'Ivoire, mon pays, de la viande braisée communément appelée « choukouya ».

Une telle mère verra son fils comme un poulet à dévorer, une offrande.

Elle va le percevoir comme un moyen pour avoir de la puissance, dans le monde des ténèbres.

*Est-ce que tu peux être gagné par une sainte colère, au moment où je te parle du cœur insensible du sorcier ?*

C'est à ce prix que tu pourras proclamer des paroles de délivrance. Le bâton des sorciers, dont je parlais, leur sert de moyen de déplacement. C'est dans ce bâton que se trouve le pouvoir de la sorcellerie.

*Comment les sorciers utilisent-ils le bâton ?*

Ils tendent le bâton sur une image, cela peut être une poupée, une statuette ou une photo de vous.

Voici pourquoi certaines personnes constatent, lorsqu'elles fouillent dans leur album photo, qu'une photo ou même la photo de leur mariage, a disparu.

Les sorciers emportent la photo, de façon spirituelle, ou en introduisant dans votre maison un espion, c'est-à-dire un visiteur avec une mission de le faire.

Cela est possible, grâce à la négligence des victimes et leur manque de discernement.

Je prie que le Seigneur Jésus-Christ te libère de la négligence, et du manque de discernement car la négligence et le manque de discernement sont des poisons par lesquelles le diable détruit de nombreuses vies.

Lorsque tu fais montre de négligence et de manque de discernement, le diable est content.

Il se moque de toi, en disant certainement: *"Ah ah ah! Voici quelqu'un qui ne prend rien au sérieux, et qui pense que toute chose qui arrive n'est qu'une malheureuse coïncidence."* ou simplement trouve un argument pour ne pas voir plus loin que le bout de leur nez. Et cela est très dommage.

Alors, les sorciers prennent la photographie, et ils vont la déposer quelque part et ils font des incantations.

Et lorsque le bâton, après ses incantations, touche ta photo, c'est ton âme qui est touchée.

Des gens sont morts parce qu'on a posé ce bâton sur leurs vêtements. Pourquoi, crois-tu que tu perds certains de tes vêtements?

Pourquoi les sorciers utilisent-ils les photos mais aussi les vêtements?

C'est pour poser le bâton de la sorcellerie là-dessus.

Un jour, un événement nous a marqué. Un homme mourant a avoué, avant sa mort, être un grand sorcier.

Il vivait en Côte d'Ivoire, dans le district d'Abidjan.

Cet homme est mort parce qu'il a essayé de livrer en sorcellerie, l'enfant de sa propre sœur qui l'a hébergé.

Je m'interroge, à ce sujet:

Comment une femme peut-elle te nourrir, te payer ta formation de métier, disons, t'apprendre à devenir une personne accomplie, et que toi, en guise de remerciements, tu cherches à sacrifier son unique enfant, en sorcellerie?

C'est ce qu'a fait cet homme sans cœur, qui a cherché à avoir des pouvoirs maléfiques, à tous les coûts. Ah quel cynisme! Ah quelle cruauté! Il est temps pour toi de comprendre que quelqu'un peut vivre sous le même toit que toi, partager le même lit que toi, sans forcément te porter dans son cœur.

C'est ce qui est arrivé à cet enfant que l'on a voulu éliminer, par le pouvoir de la sorcellerie.

La grâce qu'a eue l'enfant, c'est qu'il croyait en Jésus - Christ et était membre de notre cellule de prière.

Ce jeune homme priait beaucoup, au point où les personnes de notre cellule l'avaient surnommé: *"petit pasteur"*.

La main de l'Éternel était vraisemblablement sur ce jeune homme.

C'est pour cela que cet homme qui a voulu lui ôter la vie, dans le monde des ténèbres, a connu un retour à l'envoyeur.

Lorsqu'il a lancé un sort à l'enfant, ce sort lui est revenu.

Voilà pourquoi le sorcier a fait un aveu. Il a dit: "J'ai voulu que cet enfant pourrisse, mais ce sont mes pieds qui ont commencé à pourrir. Oh sauvez-moi, aidez-moi!»

Mais hélas pour lui, ce sorcier mourut car son sort était déjà scellé.'L'erreur de tes ennemis, c'est qu'ils ignorent ce verset de la Bible:

*"L"ange de l'Eternel campe autour de ceux qui le craignent, Et il les arrache au danger."*, selon le

**Psaume 34 v 7.**

Gloire à notre Seigneur Jésus -Christ de Nazareth, pour la vie de ce jeune homme car il lui a donné la victoire sur ses ennemis.

Je déclare que toi aussi, l'Eternel Dieu te donne la victoire sur tout tes ennemis, au nom de Jésus-Christ.

Ce que tu dois comprendre, c'est que tu ne peux pas échapper aux attaques du sorcier, sans demander à l'Éternel de briser son bâton de commandement. C'est à l'aide de cet instrument que le sorcier se déplace, d'un continent à l'autre.

Tu veux savoir comment se fait ce déplacement ?

Alors, je vais te rapporter un témoignage.

Pendant un de mes séjours aux États-Unis, j'ai connu un Camerounais vivant à Philadelphie.

Il avait immigré aux États-Unis et avait réussi sa vie sociale : il avait un travail, une maison, une voiture, une épouse et trois enfants.

L'oncle de ce Camerounais, c'est-à-dire le petit frère de son père, décida de le tuer, pour une affaire de parcelle de terre.

En effet, ils étaient deux frères, à qui leur défunt père avait laissé des parcelles de terre. Le plus jeune des deux frères, vivant au Cameroun, a vendu sa parcelle de terre. Quant à son aîné, vivant à Philadelphie et ayant une bonne situation sociale, il n'a pas jugé bon de vendre la parcelle de terre héritée de son père. C'est alors que son oncle le contacta pour vendre cette de terre. Le neveu de Philadelphie lui fit comprendre que, même s'il ne rentrait pas en Afrique maintenant, il jugeait cela inopportun de vendre sa parcelle de terre, vu qu'il a des enfants.

Ces derniers, a-t-il argumenté, pourraient mettre cette parcelle de terre en valeur, un jour, à leur retour en Afrique.

Son oncle a très mal pris ce refus poli de vendre ce lot.

Il décida de passer à l'acte.

Trois à quatre jours plus tard, le neveu constatera quelque chose de bizarre. Alors que son épouse est partie au travail et que ses enfants sont sortis, il va recevoir une curieuse visite.

On sonna à sa porte.

Qui va-t-il y voir, lorsqu'il ouvrit?

À son grand étonnement, c'est son oncle du Cameroun qui lui rendit visite, à Philadelphie.

Le neveu tomba des nues.

Comment l'oncle a-t-il pu lui rendre visite aux États-Unis, sans argent pour s'offrir un billet d'avion et sans visa? Si on ne te rapporte pas de tels faits insolites, comment pourrais-tu comprendre la complexité des choses de la sorcellerie?

Comment pourrais-tu cerner le pouvoir incarné dans le bâton que le sorcier utilise spirituellement pour voyager à travers les villes, les pays, les continents et les espaces?

La suite de cette histoire , c'est que le neveu de Philadelphie piqua une crise automatiquement et il perdit la raison. L'envoûtement de l'oncle l'a atteint: il devint fou! Son épouse, une fois rentrée du travail, trouvera son mari, en pleins délires. Les seuls mots qui sortaient de sa bouche, c'est le nom de l'oncle qu'il répétait en boucle.

Il prononçait continuellement ce nom et rigolait. Cette crise de folie va durer trois ans, avant que la main de Dieu ne délivre le pauvre neveu des griffes du méchant oncle.

Voici autant de raisons pour lesquelles nous devons prier sans cesse pour briser le bâton au moyen duquel le sorcier se déplace dans le monde des ténèbres pour sévir. En réalité, Satan est un imitateur, dans le mauvais sens. Ses agents s'inspirent de certaines réalités spirituelles pour faire le mal.

C'est ce que le prophète Ezekiel vécut et qu'il proclama.

Il est écrit dans le livre **d'Ezekiel 37 v 1:**

*"La main de l'Éternel fut sur moi Et l'Éternel me transporta dans une vallée."*

Cela veut dire que, lorsqu'une main spirituelle est sur toi, elle peut te transporter d'un point A à un point B. C'est pour cela quelqu'un qui est chez toi, au village, peut apparaître soudainement dans ta ville, ton service ou ton domicile. Il y a effectivement des gens qui sont décédés, du jour au lendemain, sans être tombés malades, tout simplement parce qu'ils ont cru voir un proche, un parent à eux, qui était au village.

Nous bénissons Dieu pour le ministère du prophète Ezekiel car il a expérimenté cela, à partir de la main de L'Éternel, Lui-même.

Mais, malheureusement, aujourd'hui, la sorcellerie détruit des vies, en permettant aux agents du mal, à l'aide du bâton de la sorcellerie, de se transporter spirituellement, d'un point A à un point B, comme ce fut le cas malheureux vécu par ce *"frère"*, en Philadelphie .

La question grave que tu dois te poser maintenant, c'est de savoir, par quel moyen, un tel parent, censé être au village, vient-il en ville pour te lancer un sortilège, une malédiction, ou même te donner la mort?

Il arrive à le faire, grâce au bâton de la sorcellerie. Voici pourquoi le Seigneur déclare, dans le **livre d' Esaïe 14 v5:**

*"l'Éternel a brisé le bâton des méchants, la verge des dominateurs."*

Je déclare, au nom de Jésus-Christ, que tout bâton de la sorcellerie contre ta vie, est brisé maintenant par l'Éternel des Armées.

C'est pour échapper à toutes ces attaques spirituelles qu'il te faut prier. Répète après moi et dis ceci:

*"Père éternel, brise le bâton des méchants, des dominateurs, maintenant, au nom du Seigneur Jésus-Christ!"*

Pendant que nous faisons cette prière, le feu du Saint-Esprit consume le bâton du sorcier qui te combat.

**Répète cette prière :**

Au nom de Jésus-Christ de Nazareth, je brise tout bâton de la sorcellerie qui contrôle ma vie et celle de ma famille.

Au nom de Jésus- Christ de Nazareth, je brise tout envoûtement lancé sur ma vie, à partir d'un bâton de la sorcellerie.

Je déclare, au nom de Jésus-Christ de Nazareth, que je lie tout homme fort, dans ma famille, qui utilise le bâton de la sorcellerie pour me dépouiller.

Je décrète, au nom de Jésus -Christ de Nazareth, que la confusion installée par le bâton de la sorcellerie, dans ma famille, retourne dans le propre camp des méchants.

Au nom de Jésus- Christ de Nazareth, je brise tout bâton de la sorcellerie utilisé pour me rendre malade.

Au nom de Jésus- Christ de Nazareth je brise tout bâton de la sorcellerie qui agit de façon maléfique, sur mon corps, en provoquant toutes sortes de maladies.

Je refuse cela maintenant même, au nom de Jésus - Christ

Au nom de Jésus-Christ de Nazareth, je brise tous les pouvoirs maléfiques du bâton de la sorcellerie, qui travaillent pour éloigner de ma vie , mes aides de destinée.

Au nom de Jésus - Christ de Nazareth, je refuse et brise le pouvoir du bâton de la sorcellerie, dans la vie de tous les membres de ma famille . (nommez chaque membre de votre famille en proclamant sa libération, au nom de Jésus- Christ de Nazareth.)

Je déclare que, par l'épée de l'Esprit- Saint qui est la parole de Dieu, je brise tous les bâtons de la sorcellerie qui opèrent dans ma famille pour l'appauvrir et la détruire .

Je déclare que cela s'arrête maintenant même, au nom de Jésus-Christ de Nazareth.

Je déclare, au nom de Jésus-Christ de Nazareth, que tout bâton de la sorcellerie qui influence négativement mon mariage pour le détruire, à partir d'une photo ou d'un objet, est brisée maintenant même .

Je déclare que, par l'autorité du nom de Jésus-Christ de Nazareth, je disperse toutes forces et tous pouvoirs des ténèbres qui ont été attirés sur ma vie, par le bâton de la sorcellerie.

Je déclare au nom de

Jésus -Christ, que tout bâton de la sorcellerie par lequel mes ennemis bloque mon enfantement, est brisé maintenant même .

(mettez la main sur votre ventre et proclamez la libération)

Je déclare, au nom de

Jésus -Christ, que tout bâton de la sorcellerie qui combat ma vie sentimentale et œuvre pour me faire mourir dans la solitude, est brisé maintenant même.

Je déclare que cette année sera différente, au nom de Jésus-Christ de Nazareth.

Je déclare que tout bâton de la sorcellerie qui détruit la vie de mes enfants et de mon conjoint ou ma conjointe, est détruit maintenant même au nom de Jésus, -Christ de Nazareth.

Au nom de Jésus - Christ, je déclare que tout voile démoniaque sur mon visage, placé par le bâton de la sorcellerie afin que je passe inaperçu dans ma vie, prend feu maintenant même.

## VAINCRE LA PUISSANCE DES CHANTS ET DANSES FUNESTES

1 Une des raisons pour lesquelles nous couchons ces lignes sur du papier, c'est de te montrer que la sorcellerie est une réalité. C'est pourquoi je m'évertue à partager avec toi, le témoignage vécu par des personnes, comme toi et moi, dont la vie a basculé du jour au lendemain, parce que des sorciers les ont attaquées.

C'est le cas de cet homme qui a surpris la fille de sa femme en train de danser sur son lit conjugal et qui en a perdu la vue tragiquement.

Comment cet homme qui venait d'être promu à un nouveau poste de responsabilité, au travail, pourra-t-il exercer son métier, sans ses yeux intacts ?

C'est ce témoignage poignant, que je t'ai juste relaté en partie, qui nous permettra de mettre à nu une autre arme maléfique du sorcier: les chants et les danses funestes.

D'entrée, je vais t'inviter à lire un passage biblique tiré du livre de **Matthieu 11 v17** :

*"Nous avons joué de la flûte, et vous n'avez pas dansé ; nous avons chanté des complaintes et vous ne vous êtes pas lamentés."*

C'est ce que nous dit la version Louis Segond, de ce passage. Qu'en est-il de la version Martin Bible ?

Voici ce qu'elle déclare :

*"Et ils leur disent: Nous avons joué de la flûte et vous n'avez point dansé; nous avons chanté des airs lugubres et vous ne vous êtes pas lamentés."*

Tu dois savoir que cela fait partie du stratagème des sorciers de te faire esquisser des chants sataniques et de te faire exécuter des pas de danses funestes.

C'est pourquoi, je déclare que même quand ces méchants te joueront des flûtes, tu ne danseras point, au nom de Jésus-Christ de Nazareth.

ils te chanteront peut-être des complaintes, mais tu ne te lamenteras point, au nom de Jésus-Christ!

Que symbolise la flûte ici?

C'est un instrument démoniaque, dans le monde de la sorcellerie, qui sert à mettre en mouvement les serpents diaboliques. À cet effet, il est écrit dans la Bible: *"Si le serpent mord, faute d'enchanteur, cela ne donne pas de gloire à l'enchanteur."* (**Ecclésiaste 10.11**). Autrement dit, ce genre de serpent démoniaque, qui attaque et oppresse les vies, ne sort pas de sa cachette pour mordre le premier venu. Néanmoins, s'il le fait, cela veut dire qu'il y a quelqu'un qui l'a envoyé en mission commandée. Souvent, les gens commettent l'erreur de ne pas chercher plus loin que ce qu'ils voient.

Or, en le faisant, ils manquent une occasion de mettre réellement le doigt sur le vrai problème qui pourrit leur vie.

Comme on le dit communément, à la maison, c'est la télécommande qui active la télévision et fait changer les programmes, à l'écran.

De la sorte, il y a également certaines personnes qui ont le pouvoir démoniaque de chanter, de jouer de la musique et d'impacter négativement la vie de leurs victimes.

Dans le monde des ténèbres, il y a des chants et des danses qui annoncent des évènements dans la vie de quelqu'un ou d'une famille .

C'est cette flûte envoûtante, dont il est question ici, qui pousse des gens à faire des pas de danse, c'est-à-dire des agissements qu'ils n'auraient jamais eus, s'ils restaient lucides. Néanmoins, ils sont vraisemblablement sous l'emprise d'une musique ou d'un air satanique. Ainsi, ils dansent ou agissent de telle ou telle manière, contre leur gré.

En effet, tu verras, dans certains foyers, des personnes de bonne moralité, qui savent bien qu'il n'est pas bon de vivre dans l'immoralité sexuelle, s'abîmer dans le désordre sexuel.

En réalité, c'est une force irrésistible et invisible qui les pousse à aller voir ailleurs, hors du lit conjugal. Cette force est accompagnée d'une voix qui leur demande, avec insistance: " *Va vite dehors, trompe-le ou trompe-la maintenant.*" C'est le cas de plusieurs couples dans lesquels le conjoint ou la conjointe est pris(e), dans la spirale de l'infidélité.

Ils ne comprennent pas pourquoi ils vivent dans le désordre sexuel, malgré les efforts qu'ils fournissent pour rester fidèles à leur partenaire. Si tel est ton cas, tu es en train de vivre ce qu'on appelle l'oppression de la flûte. Qu'est-ce que cela veut-il dire? Cela explique qu'il y a une figure maléfique, tapie dans l'ombre, qui détermine, voire motive tes agissements immoraux.

C'est pour cette raison que l' homme, dont le témoignage a été rapporté plus haut, a commis l'imprudence de minimiser la situation qu'il a vécue.

En conséquence, ses yeux ont été fermés par la fille de sa femme.

En effet, cette dernière a juste exécuté des pas de danse sur son lit conjugal et sa vie a basculé. La belle-fille qui croyait certainement qu'il allait rentrer du travail en soirée, comme d'habitude, a été surprise qu'il soit revenu plus tôt. Si cet homme avait reçu l'enseignement que tu lis, en ce moment, il n'allait pas banaliser cette scène insolite de danse faite sur son lit.

Il allait certainement se mettre à prier pour révoquer le pouvoir maléfique de cette danse lugubre, sur son lit conjugal.

Hélas, il s'est laissé attendrir certainement par le fait que la jeune fille n'avait que quinze ans et le pire arriva. Cependant, cette adolescente était en mission commandée pour la confrérie à laquelle elle appartenait. Malheureusement, cet homme qui n'avait pas le discernement, a commis l'imprudence de dormir sur ce lit envoûté. Mal lui en prit, car il a perdu l'usage de ses yeux. Certaines personnes traînent des maladies, des infirmités dont elles ignorent l'origine. C'est à celles-là que je voudrais m'adresser. La Bible nous avertit: *"Vous connaîtrez la vérité et la vérité vous affranchira."* **Jean 8 V32**

Je déclare que ce qu'a vécu cet homme, tu ne le connaîtras pas, au nom de Jésus -Christ de Nazareth.

Certes, des sorciers et des sorcières joueront de la flûte, pour tenter de tourmenter ta vie, mais tu ne danseras pas.

Tu boycotteras leurs chants et leurs danses démoniaques, au nom de Jésus-Christ de Nazareth.

En d'autres termes, ils vont essayer de commanditer toutes sortes de mauvaises choses contre ta vie, mais ils échoueront car notre Dieu est plus fort que les divinités qu'ils adorent.

Je t'invite à faire la remarque suivante désormais: devant toute personne qui est saisie par les esprits, tu verras toujours qu'il y a un chansonnier.

Ce sont des personnes qui dansent, sous l'emprise des esprits. On observe tous également que, dans les villages, lors des fêtes de génération, par exemple, des personnes possédées par des esprits exécutent frénétiquement des pas de danse. Ces danses signifient toujours quelque chose. C'est bien dommage que nous répétions à l'envi, de tels pas exécutés dans ce genre de rituels traditionnels, sans en connaître la portée spirituelle ou le sens caché. Il n'y a pas de pas de danse hasardeux.

Dans la tradition, tous ces pas de danse sont codifiés et souvent même, ils sont utilisés de façon détournée par les sorciers. Un jour, une femme délivrée de la sorcellerie, par le pouvoir de notre Seigneur Jésus -

Christ m'a révélé, à cet effet, que lors des funérailles, les initiés de la confrérie à laquelle elle appartenait, exécutaient des pas de danse. Par ignorance, des personnes présentes à ces funérailles se sont jointes à eux pour faire les mêmes pas de danse, sans forcément en connaître le sens caché. Elle a ajouté ceci à son récit: *"Papa, souvent, nous invitons la personne que nous visons à venir dans l'arène et à faire les pas de danse que nous voulons. Quelquefois même, nous tuons le parent de cette personne pour l'amener à venir au village afin de danser ce rituel avec nous. On passe devant la photo mortuaire.*

*On fait comme si on se lamentait et on demande à la fille ou au fils du défunt de venir danser pour le défunt père ou la défunte mère. C'est une façon habile pour nous de mettre cet enfant à qui nous en voulons dans le cercle de la mort."*

C'est le lieu pour toi de te poser la question de savoir qui t'a fait danser aux funérailles de ton père, de ta mère, de ta tante, ou de quelqu'un même de ta famille pour qu'une fois de retour en ville ou chez toi , tu perdes ton travail, tu vives un malheur qui n'était jamais arrivé, auparavant?

En réalité, les funérailles avaient été une occasion pour t'envoûter.

Certains se disent naïvement, je suis chrétien, en quoi une danse peut changer ou influencer ma vie?

Si tu veux avoir une réponse qui te rassure, inspire-toi de l'histoire de **Jean-Baptiste**, dans le **Nouveau Testament**.

En effet, Jean-Baptiste était un grand prophète. C'est même lui qui baptisa notre Seigneur Jésus-Christ. Cependant, sa tête a été coupée, suite à l'exécution d'une danse macabre. La danse qui a scellé le sort de Jean-Baptiste a été faite par une femme qui s'appelle Salomé. La mère de cette Salomé est une femme avec un coeur dur comme une pierre. Depuis longtemps donc, elle cherchait le moyen de faire chuter le prophète Jean-Baptiste. Si quelqu'un cherche à te faire du mal, il peut mettre son mauvais dessein à exécution, à partir de la danse. Salomé a donc dansé, après quoi la sentence est tombée pour que la tête de Jean-Baptiste soit coupée. La danse dont le pas a été exécuté par Salomé s'appelle la danse des sept voiles. Pendant qu'elle fait le pas de cette danse, elle laisse tomber le voile. Cela doit se faire une première fois, puis une deuxième fois, jusqu'à la septième fois. Cette danse vient de l'antiquité. C'est une danse satanique.

Il y a des gens qui exécutent des pas de danse, sans savoir que cela les livre aux mauvais sorts et aux envoûtements lancés contre eux.

Il y a des personnes appelées artistes chanteurs, aujourd'hui. Ces artistes vont livrer leur âme au diable pour avoir une certaine célébrité. Ces chanteurs-là se présentent comme des chansonniers du diable. Leurs chansons sont faites à la gloire de Satan et ils font danser le monde sur leurs tubes à succès. Je ne donnerai pas de nom d'artiste qui pratique ces choses, mais celui qui a le discernement saura de qui je parle. C'est pour toutes ces raisons que je demande aux frères et sœurs dans la foi de faire attention. Ne dansez pas sous n'importe quel air musical. Il y a un artiste ici, qui chantait une chanson dans laquelle il y avait un refrain qui signifiait la mort. Je tairai également le nom de cet artiste, mais sache que de tels chanteurs sont nombreux et même très nombreux.

Certains artistes ont le courage de ne pas te cacher qu'ils travaillent pour l'ennemi. C'est un secret de polichinelle: il s'en trouve qui chantent *"mami watta"*, c'est-à-dire la sirène des eaux. Fais donc attention à ce que tu chantes et à ce que tu écoutes et danses, car la parole chantée peut construire ou détruire ta vie.

Je ne dis pas que toutes les chansons des artistes de nos jours sont démoniaques, mais sache que chaque type de musique met en action un esprit donné: soit un bon, soit un mauvais esprit.

C'est pour cela que le **roi David** ne se laissait pas séduire par le diable. David priait, chantait, jouait de la musique et dansait à la gloire de Dieu. Ce grand roi savait que le moyen par lequel il pouvait détruire le pouvoir de la sorcellerie, c'est de glorifier Dieu, à travers le chant et la danse.

**1 Samuel 16 v 23:**

*" Et lorsque l'esprit de Dieu était sur Saül David prenait la harpe et jouait de sa main.*

*Saül respirait alors plus à l'aise et se trouvait soulagé et le mauvais esprit se retirait de lui."*

Malheureusement, beaucoup de gens ignorent cette réalité, dans nos églises. C'est pourquoi, pendant le temps de louange, le diable souffle un vent de lourdeur, de honte, de la timidité sur eux et ils restent assis. Ah, l'ignorance est un ennemi de l'homme vraiment ! Combien savent-ils que c'est au moment de la louange que l'Éternel se tient debout sur son trône pour eux ? C'est parce que David savait ces choses que, quoi qu'il soit un grand roi, il dansait et jouait de la harpe avec délicatesse. La Bible nous rapporte que, lorsque David, poussé par l'Esprit de Dieu, jouait de la harpe, le roi Saül qui était tourmenté par un mauvais esprit était soulagé et délivré. David savait donc que, par la musique, l'on peut envoûter ou désenvoûter une personne.

Et toi, qui danse contre toi, en prononçant ton nom ou en touchant son ventre, pour empêcher que tu enfantes ? Qui est-ce qui fait des danses sataniques, en déchirant tes papiers, pour empêcher que la préfecture t'appelle pour la régularisation de ta situation?

Qui danse pour te voler ta santé et appeler une maladie mystérieuse sur ta vie ?

A partir de maintenant, j'annonce la fin de toutes ces pratiques démoniaques contre ta vie et celle de tes proches, au nom de Jésus-Christ.

**Prie avec moi maintenant, et répète ceci :**

"Père éternel, au nom de Jésus-Christ de Nazareth, je déclare : toute danse de la sorcellerie, qui joue avec mon nom, pour bloquer ma vie, pour envoûter ma destinée et celle de mes enfants, est sans effet maintenant.

Je fais un retour à l'envoyeur de ce qui était programmé contre moi et mes enfants, au nom du Seigneur Jésus-Christ ! »

Je déclare que toute parole, toute action qui ont donné un accès quelconque aux esprits de mort dans ma vie est maintenant brisé au nom de Jésus -Christ .

Je déclare au nom de

Jésus - Christ de Nazareth que toute danse de la mort pratiquée par la sorcellerie pour détruire ma vie est combattue par la puissance du Saint -Esprit.

Je déclare au nom de Jésus -Christ que toute danse de la sorcellerie à la quelle j'ai pris part, par ignorance, n'a plus de pouvoir dans ma vie et celle de ma famille.

Oh Seigneur Jésus -Christ de Nazareth, lève-toi cette année et disperse tous mes ennemis, qui pratiquent des danses mortuaires et funestes pour anéantir ma vie.

Je déclare au nom de Jésus - Christ que tous les maux infligés à ma vie et à celle de mes enfants et des membres de ma famille, à partir des dans danses funestes de la sorcellerie, sont brisés par la puissance du Saint-Esprit.

Au nom de Jésus -Christ de Nazareth , j'interdis à toute esprit de mort envoyée par la sorcellerie de ma famille de détruire ma famille et ma vie.

Oh Seigneur Jésus-Christ de Nazareth , purifie-moi et libère ma vie des effets et des conséquences des actes que j'ai posés dans mon passé, qui aujourd'hui détruisent ma vie .

Je déclare que, par l'autorité du nom de Jésus-Christ de Nazareth, toute puissance de l'Esprit de mort, en mission dans ma vie et ma famille, est brisée, au nom de Jésus -Christ de Nazareth.

Je déclare que le sang de Jésus -Christ de Nazareth rend nulle et sans effet, toute forme de mort qui cible ma vie: mort par maladie, par accident, par empoisonnement, par suicide, par avortement , par morsure, par fausse couche, par attaques des méchants, par les sacrifices occultes, par les malédictions générationnelles, par agression,par erreur médicale, et par toute autre chose .

Je déclare, au nom de Jésus -Christ, que toute danse de la sorcellerie qui provoque la stérilité dans ma vie perd son pouvoir maintenant même, par la puissance du Saint-Esprit.

Je déclare ay nom de Jésus -Christ que toute danse de la sorcellerie qui crée spirituellement des fibromes et des kystes pour m'empêcher d'enfanter est combattue et vaincue, par la puissance du Saint-Esprit, maintenant même .

Je déclare que ma vie est liée maintenant , à la Vie abondante de mon Seigneur et sauveur Jésus-Christ de Nazareth .

Par l'autorité du Seigneur Jésus-Christ, je refuse , je révoque et je brise toute alliance avec la mort, depuis la fondation de ma famille.

Je déclare que le

Seigneur Jesus-Christ est mon sauveur .

Il brise à jamais la force de mes ennemis et Il sauve mon âme de la mort .

Au nom de Jésus -Christ de Nazareth, je proclame que je ne serai pas livré à la mort que la sorcellerie prépare contre moi ,

Oui! je ne mourrai pas, mais je vivrai et je raconterais les bienfaits de mon Dieu, dans ma vie .

Je déclare, par la puissance de la mort et de la résurrection de mon sauveur, Jésus- Christ de Nazareth, que la mort a perdu sa victoire sur ma vie et celle de ma famille.

Oh Seigneur, ta parole déclare que la mort et la vie sont au pouvoir de la langue, alors je proclame que la vie entre en moi et chasse maintenant l'esprit de mort, au nom puissant de Jésus Christ de Nazareth.

Je déclare, au nom de Jésus-Christ de Nazareth, que même si je marche dans la vallée de l'ombre de la mort, je ne crains aucun mal, car le Dieu de la victoire demeure avec moi.

Je déclare, au nom puissant de Jésus-Christ de Nazareth, que la vie entre dans mon esprit, mon âme et mon corps, par la puissance du Saint-Esprit.

Je déclare au nom de Jésus-Christ que ma vie et celle de la famille sont désormais cachés, dans le sang de Jésus.

J'ai la victoire sur tout esprit de mort, en mission contre ma vie .

L'apôtre Jean assimile le diable au voleur qui vient uniquement pour voler, tuer et détruire (Jean 10.10). À la lumière de ce qui précède, nous faisons le même constat que l'apôtre du Seigneur Jésus-Christ. En effet, il existe plusieurs faits de société qui mettent en évidence la grande capacité de nuisance de Satan et de ses agents, à travers la sorcellerie. C'est dans cette droite ligne que s'inscrit une histoire bien connue en Côte d'Ivoire. Il s'agit d'un homme qui est tombé à moto. Au moment où cet homme accidenté cherchait à se relever, un bœuf est venu lui transpercer le cœur tout net, avec sa corne. Ça c'est l'œuvre de la sorcellerie. C'est de cette façon que les méchants mettent sur pied leur manœuvre pour anéantir la vie de leurs victimes, par le moyen de ce dont je m'apprête maintenant à parler: la monture satanique ou diabolique.

## ÀNÉANTIR LA MONTURE SATANIQUE

Je t'exhorte à demeurer prudent car la Bible nous enseigne, dans le livre de **Proverbes 27 v 12:**

*"L'homme prudent voit le mal et se cache*

*Les simples avancent et sont punis."*

Je préfère être prudent et prévenant que trop confiant et négligent, car les temps sont mauvais!

Je veux que tu saches ceci: Certes, la sorcellerie est une pratique universelle, néanmoins elle est très élaborée et évoluée, sur le continent africain.

Une certitude demeure, pour toi qui vit particulièrement en Afrique ou qui a des origines africaines.

Sache une chose: Il y a des personnes qui perdent leur joie, leur bonne humeur, tout simplement parce que tu postes sur les réseaux sociaux une photo sur laquelle tu es souriant(e). Sais-tu combien de personnes sont malheureuses de te voir heureux et épanoui? Ne joue donc pas avec la prière puisque tu ne connais pas le nombre de tes ennemis.

L'histoire que nous venons de voir, plus haut, nous montre, encore une fois, que la sorcellerie est véritablement une magie traditionnelle pour ruiner et détruire la vie des personnes et des familles.

Voici un homme qui échappe à la mort, des suites d'un accident à moto, mais qu'un bœuf sorti d'un troupeau vient embrocher fatalement, à l'aide de sa corne. Comment cet homme a-t-il pu rencontrer la mort d'une façon si odieuse? Pour le comprendre, nous avons interrogé les Saintes Écritures.

Notre première référence est tirée du livre de **Psaumes 22 v 12:**

*"De nombreux taureaux sont autour de moi. Des taureaux de Basan m'environnent."*

L'autre passage est extrait du livre **d'Ézekiel 8 v 8-10:**

*"Et il me dit: Fils de l'homme, perce la muraille! Je perçai la muraille, et voici, il y avait une porte.*

*Et il me dit: Entre, et vois les méchantes abominations qu'ils commettent ici!*

*J'entrai, je regardai; et voici, il y avait toutes sortes de figures de reptiles et de bêtes abominables, et toutes les idoles de la maison d'Israël, peintes sur la muraille tout autour."*

À partir de ce que nous venons de lire, il est aisé de deviner ce qu'est une monture satanique ou démoniaque.

La monture de la sorcellerie, c'est la forme animale que prend le sorcier pour se déplacer.

Le sorcier ne se déplace jamais dans un corps humain. Il le fait toujours, en prenant l'apparence d'un animal ou d'un insecte. Ça peut être un serpent, un bœuf, un mouton, un hibou, un chien, un chat, une mouche, un cafard, un mille-pattes…Tu devines aisément pourquoi l'homme qui a fait l'accident à moto a été transpercé par un bœuf. Dans le cas de cet homme, c'est le sorcier qui a programmé l'accident à moto, qui voyant que ça n'a pas marché, a décidé de porter le coup de grâce à sa victime, en entrant dans le corps de l'animal.

Je me souviens d'un fait que j'ai vécu, dans mon enfance, relativement aussi à un bœuf.

Cela s'est passé dans une ville de la Côte d'Ivoire appelée Agnibilekro, où mon père était en fonction, en tant qu'officier et chef de la cité des douanes. Je venais d'avoir mon entrée en 6ème; j'étais heureux parce que j'avais obtenu mon examen. Il y avait une voisine à mes parents, qui était venue me féliciter. La femme s'était exclamée joyeusement: *"Eh mon fils, tu as eu l'entrée en 6ème; c'est une bonne chose."* La même nuit, dans mon sommeil, j'ai vu un bœuf me poursuivre en songe. J'ai couru de toutes mes forces, mais sans parvenir à me cacher de cet animal. Le bœuf m'a poursuivi jusqu'à ce que j'arrive dans une impasse. Comme je n'avais plus d'issue pour poursuivre ma course, je me suis arrêté et je me suis retourné. Alors, j'ai menacé le bœuf en déclarant: *"Au nom de Jésus-Christ, je suis libéré de cette attaque."*

Lorsque, dans le songe, j'ai menacé le bœuf, il s'est arrêté et s'est assis sur ses deux pattes arrière, comme un chien. Et qu'ai-je vu par la suite?

Le bœuf se transforma en notre voisine qui était venue me féliciter, le matin. C'est dire que le bœuf que j'ai vu, dans le songe, n'était pas un animal normal. Depuis ce jour, cette voisine m'évitait et ne me saluait plus. Ma défunte mère qui ne comprenait pas cette distance prise par sa voisine, avec moi, lui a demandé ce qui se passait.

La dame lui a fait cette réponse trompeuse: *"Il est trop bizarre; je n'aime pas les enfants comme ça."*

Il y a aussi un témoignage semblable sur les animaux que les sorciers utilisent pour attaquer leurs victimes. C'est l'histoire de cet homme qui a entendu un oiseau chanter derrière sa fenêtre, dès la tombée de la nuit, jusqu'à 2 heures du matin. Lorsqu'il ouvrait la fenêtre pour savoir d'où venait ce chant agaçant, point d'oiseau. Et cela a duré plus d'une semaine. Cet homme, un jour, au réveil, a vu son pied s'enfler. Le furoncle sur son pied va s'aggraver, au fil du temps. N'ayant pas eu de soulagement à l'hôpital, il décida de se rendre à l'église. C'est là-bas qu'il lui sera révélé que certains événements comme l'oiseau invisible qui chantait derrière sa fenêtre, ont partie liée avec ce furoncle mystérieux.

Voici comment certaines montures diaboliques sont utilisées pour nuire à ta vie.

**Pour détruire toutes ces œuvres du diable, fais cette proclamation avec moi :**

"Père éternel, s'il y avait une monture diabolique: un bœuf, un chien, un chat, une chauve-souris un serpent, une mouche, un cafard ...ou quelque autre animal ou insecte programmé contre la vie de celui qui lit ce livre, que celle-ci soit définitivement libérée, au nom de Jésus-Christ.

La victoire divine vient dans son camp maintenant car la puissance de Dieu y est activée!

Au nom de Jésus-Christ de Nazareth, je lie toutes les principautés, les puissances de l'air, la méchanceté dans les hauts lieux, les trônes, les dominations et les hommes forts, qui exercent une influence sur ma vie ou celle de ma famille, à partir de certains animaux qu'ils utilisent comme monture démoniaque.

Je déclare, par l'autorité du nom de Jésus - Christ de Nazareth, que tout pouvoir de la sorcellerie qui utilise des animaux afin d'espionner ou attaquer ma vie et celle de ma famille est détruit maintenant par le feu du Saint-Esprit.

Au nom de Jésus-Christ de Nazareth, je déclare que toutes forces de la sorcellerie, qui contrôle de façon démoniaque un animal ou un insecte, afin de me faire du mal, est brisé maintenant même, par l'épée du Saint-Esprit.

Je déclare, au nom de

Jésus -Christ de Nazareth, que toute force de la sorcellerie qui utilise des insectes, afin de détruire mes finances, est consumée par le feu du Saint-Esprit.

Oh Seigneur Jésus-Christ, consume par le feu de ton esprit saint, tout espion de la sorcellerie, sous forme d'animal, qui loge dans ma maison.

Je déclare, au nom de Jésus-Christ, que tout animal utilisé par la sorcellerie, dans ma maison afin de détruire mon foyer, meurt maintenant même, par le feu du Saint-Esprit.

Je déclare, au nom de Jésus -Christ de Nazareth, que tout animal utilisé par la sorcellerie, afin de créer la mésentente dans ma famille est exposée, au nom de Jésus -Christ de Nazareth.

Je proclame, au nom de Jésus-Christ de Nazareth, que ma santé qui m'a été volée par la sorcellerie à partir d'un envoûtement m'est restituée maintenant même .

Je déclare dans le, au nom de Jésus -Christ de Nazareth, que tout animal utilisé par la sorcellerie comme une armure est consumée maintenant par le feu du Saint-Esprit.

Je déclare au nom de Jésus -Christ de Nazareth que tout animal utilisé par la sorcellerie afin de transférer mes bénédictions est consumée.

Je déclare, au nom de Jésus-Christ de Nazareth, que tout animal de la sorcellerie qui me suit partout où je vais est consumé, par le feu du Saint-Esprit.

Le témoignage que je m'apprête à partager avec toi m'a été donné par une femme vivant en Angola. Il te permettra de découvrir une autre arme que les sorciers utilisent contre certaines personnes, dans les songes: c'est-à-dire leur transformation en chiens féroces pour les attaquer et chercher à leur faire du mal.

# CREVER LES YEUX DES CHIENS QUI HANTENT TES SONGES

Dans ce témoignage que je rapporte maintenant, il est question d'une fille qui s'est transformée en chien pour tuer son beau-père, en songe. Lorsque la mère de cette fille m'a raconté son histoire par note vocale, j'ai tressailli en l'écoutant. Voici ce que cette dame m'a exposé, en substance:

*"Papa, j'ai mis cette fille au monde, et six mois après, son père est décédé."  Le défunt père, et par ailleurs le géniteur de ladite fille, m'a-t-elle précisé, a été emporté par un mal de tête. Il était assis au salon. Lorsqu'il a ressenti un mal de tête, il est allé dans la douche pour se laver le visage. C'est là qu'il est tombé et a été retrouvé mort. Elle a ajouté, la mort dans l'âme: "*

Le père de ma fille est mort ainsi, mystérieusement et sa famille m'a accusée d'être une sorcière. Ils ont fait des incantations sur moi et m'ont obligée à faire des choses impensables. Ils m'ont demandé de boire l'eau qui a servi à faire la toilette du défunt. " N'eût été l'opposition de sa famille, m'a-t-elle assuré, elle n'allait pas s'en sortir vivante. Après la naissance de sa fille, cette dame n'a plus eu d'autre enfant. Elle a eu des kystes et autres problèmes ovariens. Elle a donc été amenée à fréquenter régulièrement les hôpitaux pour trouver solution à ses ennuis de santé. Après cette mésaventure, elle a décidé de vivre seule, avec son unique fille, et de lui donner beaucoup d'amour. Au moment où elle me racontait cette triste histoire, la femme angolaise m'a indiqué qu'elle en était à son troisième mariage. Son précédent mari, après le défunt père de sa fille, n'aura vécu qu'un an et deux mois avec elle, avant de mourir, à son tour. Cette succession de drames l'a amenée à se poser beaucoup de questions sur son destin qu'elle a jugé étrange. Elle en était là, lorsqu'un autre homme l'a aimée et l'a prise pour épouse. Il s'agit de son troisième et actuel conjoint. Cet homme a ceci de particulier rapportait la femme:

*"il aime Dieu. C'est lui qui l'a amenée également à accepter le Seigneur Jésus-Christ. Les nuits, il prie avec elle, avant de s'endormir. Elle m'a fait savoir que, lors de leur cheminement, avant le mariage, c'est souvent que cet homme bienveillant la réveillait, en pleine nuit, pour prier."*

Elle a rajouté que c'est grâce à son conjoint qu'elle a été amenée à découvrir l'émission de prière de combat que je présente sur les réseaux sociaux: *"Devançons l'aurore"*,

Que Dieu bénisse ce frère!

Que retenir de ce témoignage ? Nous retiendrons que le troisième mariage de cette dame, qui a eu précédemment deux conjoints morts, est un foyer de feu, une union de prière. Ce jour-là, je me souviens que j'ai partagé l' histoire avec mon épouse et elle m'a fait la suggestion suivante: *"Cette histoire mérite d'être partagée dans ton prochain livre afin que des âmes soient informées et se convertissent."*

C'est un avis que j'ai partagé entièrement avec ma tendre épouse.

Voici pourquoi ce témoignage est donné ici et maintenant:

En effet, cette jeune fille qui voulait tuer le conjoint de sa mère, va connaître des problèmes gastriques. La prière puissante de son beau-père va déclencher ce malaise: elle va avoir des selles liquides, qui vont couler régulièrement. Inquiétée par sa santé qui se dégradait, la jeune sorcière va passer aux aveux et révéler à sa mère que c'est bien elle qui a toujours été à la base des drames qu'elle vit : ennuis de santé, perte répétée de ses conjoints. D'ailleurs, c'est parce qu'elle s'obstinait à éliminer son actuel beau-père, par ses pouvoirs maléfiques, qu'elle va être prise d'une grosse crise de diarrhée.

Alors, au même instant, le beau-père se souvient et explique, à son tour, qu'un jour, étant couché, il a vu dans son songe, un chien qui voulait le prendre à la gorge. Une main semblable à celle d'un ange est venue du ciel pour arrêter la patte assassine du chien. Le chien va se mettre à se débattre, dans le songe, jusqu'à prendre la figure de la méchante belle-fille. Cette fille n'en était pas à sa première attaque contre le mari de sa mère. Bien avant, c'est une meute de chiens qui cherchait à bondir sur lui pour le mordre, en vain.

En effet, il y avait une variété de chiens dont la tentative d'attaque, dans ce songe, n'a pas marché. C'était comme s'il y avait une barrière entre cette horde composée d'un nombre incalculable de caniches et lui. Voici ce que le Seigneur Jésus-Christ a fait pour ce beau-père, avant que la jeune fille ne récidive et qu'elle soit atteinte d'une diarrhée qui ne s'arrête pas.

Le beau-père a expliqué que sa belle-fille, qui ne voulait pas lâcher prise, malgré ses nombreuses tentatives infructueuses, décida un jour de prendre la forme d'un gros chien noir. Ce chien de forme impressionnante et aux yeux rouges, va l'avertir clairement, dans son songe:

*"Je vais te tuer ; cette année tu vas mourir."*

Quelque chose va attirer son attention dans ce songe. C'est que la voix du chien qui lui lançait cet ultimatum n'était autre que celle de sa belle-fille. Il lui a rétorqué à son tour : *"Au nom du Seigneur Jésus-Christ, je t'affaiblis maintenant !"* Alors, le chien s'est mis à tanguer jusqu'à ce qu'il s'affaisse. Devant lui, toujours dans le songe, le chien se transforma en sa belle-fille. Pendant qu'il se réveillait, la petite sorcière poussa un cri dans sa chambre.

Voici comment Il se précipita avec son épouse, dans la chambre de la fille .

Ils y ont trouvé la fille, tremblante de tout son corps.

En effet, la fille en question confirma que c'était bien elle qui était à la base de toutes ces attaques.

Elle avoua : " *Papa pardon ! Je suis venue t'attaquer en songe parce qu'ils m'ont demandé de te tuer. Ils disent qu'ils t'en veulent parce que ma maman ne m'aime pas. Et que pour cette raison, elle s'est mariée. Ils ont ajouté que, comme elle est mariée, elle va faire d'autres enfants qu'elle va aimer plus que moi"*

Elle enfoncera le clou, en révélant à sa mère : "*À chaque fois que maman prend une grossesse, je mange la semence qui forme cette grossesse. Je me transforme en chien pour le faire. Mon pouvoir, dans la confrérie des sorciers, c'est de me transformer en chien pour attaquer les victimes en songe.*"

Que retenir d'un tel témoignage ?

Il ne faut pas que le chrétien que tu es perde son sang-froid. Appelle toujours ton Dieu au secours, en cas d'attaque, dans ton songe.

Proclamons ensemble les paroles du **Psaume 95 v 7-8** :

*"Que mille tombent à ton côté et dix mille à ta droite, tu ne seras pas atteint. De tes yeux seulement, tu regarderas,*

*Et tu verras la rétribution des méchants."*

Je déclare, à partir de maintenant, que quiconque se transforme en chien pour te mordre et pour manger la semence qui te permet de faire des enfants, cela se retourne contre cette personne, au nom de Jésus -Christ.

Le fait qu'une personne se transforme en un chien ou une chienne a une explication profonde.

Interrogeons encore la Sainte Bible, à ce propos. Voici ce que révèle le **Psaume 22 v 16-21:**

*"Des chiens m'environnent. Une bande de scélérats rôde autour de moi,*

*Ils ont percé mes mains et mes pieds.*

*Je pourrais compter mes os. Eux, ils observent, ils me regardent ;*

*Ils se partagent mes vêtements.*

*Ils tirent au sort ma tunique.*

*Et toi, Éternel, ne t'éloigne pas !*

*Toi, tu es ma force, viens en hâte à mon secours !*

*Protège mon âme contre le glaive,*

*Ma vie contre le pouvoir des chiens ! "*

Le **Psaume 59.6** renchérit, en des paroles presque semblables:

*"Ils reviennent chaque soir, ils hurlent comme des chiens,*

*Ils font le tour de la ville. "*

Je voudrais te dire, d'emblée, que dans chaque famille, il y a une confrérie de la sorcellerie. C'est ce qui fait que des gens de ton village et ceux qui sont contre toi, dans des régions lointaines ou en ville, peuvent travailler en symbiose pour t'espionner et te livrer en sorcellerie. Dieu donne le discernement à ses enfants pour savoir que quelquefois, ils doivent rester éveillés pour prier car les temps sont mauvais. Dans le **Psaume 22**, il est fait mention des verbes " observer " et " regarder ". Ces deux verbes n'ont pas le même sens. Le terme *"observer "* renvoie au côté charnel des choses, alors que le terme *"regarder "* réfère à l'aspect spirituel des choses.

C'est pour cela, lorsque dans le livre de **2 Rois 2 v 24**, le prophète Élisée a fait la rencontre des personnes qui l'injuriaient lorsqu'il montait à Béthel, la Bible mentionne qu'il se retourna pour les *" regarder "* et il les maudit, au nom de l'Éternel. De toute évidence, un homme de Dieu ne peut pas maudire des enfants, mais dans ce contexte, lorsque le prophète s'est retourné pour regarder, il discerna que ce n'était pas des personnes normales, mais des personnes avec un esprit contraire à l'esprit de Dieu .

C'est pour cela il les a maudit et qu'en conséquence, des ours sortirent pour les dévorer.

Lorsque nous poursuivons la méditation du Psaume 22, nous lisons : " *Ils percent mes mains et mes pieds.* " C'est ce que les sorciers qui se transforment en chiens font, car ils en veulent terriblement à ta vie. Ils percent tes mains, c'est-à-dire ils attaquent tes finances pour t'affaiblir moralement. Comme le diable et ses envoyés ne veulent pas que tu aies de l'argent, ils vont chercher à faire échouer tes projets, à saboter tes activités et à te faire renvoyer de ton travail. Ainsi, tes projets sont bien montés, mais ils n'arrivent jamais à se réaliser.

Certains voient même des chiens, en songe, leur lécher la paume ou la main.

Toutes ces choses sont des attaques de la sorcellerie contre les finances.

Ne perds pas aussi de vue l'aveu de taille que cette jeune sorcière a fait à son beau-père et à sa mère.

Elle leur a révélé que c'est elle qui mange la semence que sa mère reçoit dans son sein pour former des fœtus. Dès lors, tous les projets de grossesse de sa mère n'arrivent pas à leur terme. En conséquence, il n'y a pas d'enfantement. C'est ainsi que, lorsque tu as un projet bien ficelé, qui doit te faire gagner de l'argent, il est tout simplement *"tué dans l'œuf "*. Mais, je suis venu t'annoncer que c'est la fin de ton cauchemar. Désormais, tes projets vont aboutir et tu gagneras l'argent qui t'est destiné, au nom de Jésus-Christ. Souviens-toi de l'expérience vécue par l'Apôtre Pierre. Ce vaillant travailleur avait pêché toute la nuit avec ses congénères, mais ils sont rentrés bredouilles. Malgré cette mauvaise fortune, le Seigneur leur apparut, à ce moment et il leur demanda d'avancer dans un lieu indiqué et de jeter leurs filets pour pêcher à nouveau. Dans ce récit de foi, relaté dans **le livre de Luc 5.5**, le disciple obéissant et fervent, a répondu à son Seigneur: *"Maître, nous avons travaillé toute la nuit, sans rien prendre ; mais, sur ta parole, je jetterai mon filet. "*

À cause de cet acte de foi, la pêche fut miraculeuse car ils ont pris tellement de poissons que les filets rompaient. Tout comme Simon-Pierre, mets ta confiance dans le Seigneur Jésus-Christ et tu verras ton miracle, malgré la situation difficile que tu traverses présentement. Le miracle du Seigneur ne concerne pas que tes mains percées par l'ennemi, mais également tes pieds qu'il a percés. Lorsque les sorciers, sous l'apparence de chiens, percent tes pieds, ils empêchent que tu puisses rencontrer des personnes ressources, dans ta vie, qu'on appelle des *"aides de destinée "*.

Dans la vie, un homme ne réussit qu'en faisant la rencontre d'un autre homme que l'Éternel Dieu met sur son chemin. C'est comme cela que fonctionnent les relations humaines.

Lorsque Abraham devait avoir un enfant, et qu'il était assis devant sa tente, il a dit : *"J'ai vu trois hommes arriver."* C' est parmi ces trois hommes que lui a été donné la prophétie de la naissance de son fils Isaac, malgré son âge avancé, de même que celui de son épouse Sara. Cela veut dire que Dieu peut envoyer un homme ou une femme dans ta vie, afin de pouvoir l'utiliser comme canal pour accomplir ce qu'il t'a promis

**Habacuc 2 v 3** est explicite, à ce sujet : *"C'est une prophétie dont le temps est fixé. Elle marche vers son terme."* En réalité, la prophétie dont parle Habacuc n'est pas un être humain, elle n'a donc pas de pieds pour marcher. Cependant, la Bible dit qu' *"elle marche"*. Ce mot est donc une porte pour nous laisser comprendre qu'en vérité, cette prophétie de Dieu va se mettre dans la peau d'un homme ou d'une femme pour marcher vers toi. L'homme ou la femme qui vient dans ta vie, sera cette aide de destinée qui va amener la prophétie te concernant à l'accomplissement. J'expliquais donc que le sorcier, sous l'aspect d'un chien, perce les pieds pour empêcher que la personne visée rencontre ses *" aides de destinée. "* Ainsi, il sera facile pour un copain de t'appeler et de demander de le rejoindre au maquis pour boire de l'alcool. Néanmoins, lorsqu'il s'agira de t'amener pour rencontrer l'homme qui va changer positivement ton histoire, il te dira qu'il a totalement oublié.

Par Bishop César Kassie

Je t'annonce que le Seigneur Jésus-Christ a permis que ses mains et ses pieds soient cloués, percés à la croix, pour que les tiens soient libérés maintenant.

Dans le livre de **Mathieu chapitre 21** le Seigneur a demandé que l'ânon qui était attaché au village retrouve sa liberté. Il a recommandé: *"Allez et détachez l'ânon !"* Aujourd'hui même, le temps du bonheur, de la gloire, est arrivé pour toi aussi, au nom de Jésus - Christ de Nazareth.

**Fais cette déclaration prophétique:**

Seigneur Jésus-Christ, je perce les yeux de tout chien qui m'observe ou me regarde. Père éternel, je déclare que mes mains et mes pieds sont totalement restaurés, au nom puissant de Jésus-Christ de Nazareth.

Je déclare, au nom de Jésus-Christ de Nazareth, que tout pouvoir de venin, de morsure de chien démoniaque, utilisé par la sorcellerie pour détruire ma vie et celle de la famille, dans les songes, est détruit par le feu du Saint-Esprit.

Par l'autorité du nom de Jésus -Christ de Nazareth, je déclare que Tout esprit de chien de la sorcellerie, qui m'envoûte, en me faisant forniquer ou commettre l'adultère, est chassé maintenant même, par le feu du Saint-Esprit.

# VAINCRE LES OEUVRES DE LA SORCELLERIE

Oh Seigneur Jésus-Christ de Nazareth, je décrète, par l'autorité de ton nom, que tout esprit de stagnation, dans ma vie, amené sur moi par la morsure de chien, dans mes songes, est vaincu.

Je déclare, au nom de Jésus-Christ de Nazareth, que toute puissance et principauté qui m'apparaissent, dans mon sommeil, sous la forme d'un chien, sont vaincus, par le feu du Saint-Esprit.

Je déclare, au nom de Jésus - Christ de Nazareth, que tous les pouvoirs ancestraux de ma lignée, agissant sous la forme de chiens connus, pour tourmenter et appauvrir tout le monde, dans ma génération, sont vaincus par le feu du Saint-Esprit.

Je déclare, au nom de Jésus-Christ, que tout chien démoniaque de la sorcellerie, qui a été envoyé dans la vie pour m'espionner, de jour comme de nuit, est chassé maintenant même, par le feu du Saint-Esprit.

Père Éternel, Seigneur Jésus-Christ de Nazareth, brise les crocs des chiens démoniaques de la sorcellerie qui en veulent à ma vie.

Au nom du Seigneur Jésus-Christ de Nazareth, je déclare que tout chien mort, qui m'a été présenté en rêve afin de tuer mes bénédictions, n'a plus de pouvoir.

Par l'autorité du Seigneur Jésus-Christ de Nazareth, je refuse toute maladie injectée dans mon corps par la morsure d'un chien démoniaque de la sorcellerie.

Au nom de Jésus-Christ de Nazareth, je chasse tout chien démoniaque de la sorcellerie, qui m'apparaît à chaque fois que je ferme les yeux pour dormir.

Quelqu'un a dit, un jour, que le cœur de l'homme est comme une forêt. L'on voit bien où elle commence, mais nul ne sait réellement où elle se termine. C'est pour cela tu ne dois pas penser que tu connais suffisamment une personne.

Sache que c'est Dieu seul qui a cette prérogative exceptionnelle, car c'est Lui qui sonde les cœurs et les reins. Il y a des gens qui sourient avec toi, mais qui ne t'ont jamais aimé. Je suis témoin de telles situations au quotidien, en raison de ma fonction d'homme de Dieu. C'est souvent que des gens viennent se confier à nous pour se plaindre de situations de trahison, de jalousie ou de méchanceté, dont ils sont victimes, de la part de leurs proches. Des parents ou des amis te diront, la main sur le cœur, qu'ils t'aiment et qu'ils souhaitent ta réussite, alors que dans le secret, ceux-ci manœuvrent pour ton échec. Certains vont plus loin, en creusant la fosse où ils veulent te mettre, après t'avoir porté le coup de grâce. Fais donc attention à l'homme, et ne te fie pas aveuglément au premier venu. Les temps sont mauvais ; il faut rester vigilant. Voici la substance du message que je vais te délivrer maintenant et dont l'intitulé est: Fermer le mauvais oeil ou crever l'oeil d'hibou.

# FERMER LE MAUVAIS ŒIL OU CREVER L'ŒIL D'HIBOU

Le mauvais œil, que d'aucuns appellent également l'œil méchant ou l'œil d'hibou, est une arme particulière que le sorcier utilise pour détruire ta vie. C'est cette réalité que renferme l' histoire d'une femme qui aimait énormément sa grande sœur. Bien qu'elle soit la benjamine de sa fratrie de trois enfants, elle n'avait de cesse de couvrir sa sœur d'amour et d'attention. Par la force des choses, l'une des trois filles de la fratrie, en l'occurrence, la plus âgée, mourut. Il ne restait en vie que la deuxième de la famille, c'est-à-dire la puînée, et sa petite sœur. Bien qu'étant la plus petite, cette jeune sœur avait une situation sociale plus confortable,

Ce qui faisait d'elle le principal soutien financier de sa famille.

C'est le cas de dire que la pensée de Dieu n'est pas forcément celle de l'homme. Dans une famille donnée, il peut y avoir sept enfants.

Néanmoins, Dieu peut décider de faire du benjamin de cette famille, la principale source de bénédiction de cette maison familiale. C'est ce qui a été observé, dans le cas des enfants de Jacob, un récit tiré du livre de Genèse. C'est Joseph, le onzième des enfants parmis les douze garçons de Jacob, qui a été élevé par Dieu.

Voilà l'une des raisons pour lesquelles il est écrit, dans les Saintes Écritures, qu'il arrivera un temps où les premiers seront les derniers et les derniers, les premiers.

**Mathieu 20 v 16 :**

« Ainsi les derniers seront les premiers, et les premiers seront les derniers »

Il n'en fut pas autrement de cette jeune femme, dans le témoignage que je te donne.

Ainsi, cette benjamine était dévouée pour la cause de sa grande sœur.

L'on peut être tenté de se demander pourquoi Dieu permet-il que les plus jeunes soient élevés que leurs aînés. Il faut bien comprendre la pensée de Dieu. En permettant que les plus jeunes soient élevés, Dieu ne veut pas rabaisser les plus âgés. Loin s'en faut. Comme je l'ai mentionné plus haut, Dieu le fait parce que Lui seul sonde les cœurs et les reins. Il sait qui, parmi les enfants nés dans cette famille, peut prendre en charge toute la maisonnée de son père. Il l'a fait pour Joseph, dans le livre de Genèse, et ce dernier a effectivement été une source de bénédiction pour sa famille entière. C'est pourquoi, quand bien même Joseph était le plus jeune en âge, lorsque la Bible présente les enfants de Jacob, son père, elle commence toujours par le citer en première position.

**Genèse 37 v 2:**

«Voici la postérité de Jacob. Joseph, âgé de dix-sept ans, faisait paître le troupeau avec ses frères; cet enfant était auprès des fils de Bilha et des fils de Zilpa, femmes de son père. Et Joseph rapportait à leur père leurs mauvais propos.

Selon l'ordre divin donc, Joseph est le plus âgé des douze enfants que Jacob a engendrés. Dans chaque famille, il y a l'ordre charnel ou biologique de naissance des enfants et l'ordre divin, qui fait la différence, en portant le choix sur celui que Dieu élit.

Au sein des familles, lorsque les enfants les plus âgés ne comprennent pas cette pensée de Dieu, ils deviennent jaloux et aigris.

Certains vont plus loin, car ils commettent l'erreur de s'en prendre au plan de Dieu, en combattant celui qui, quoi qu'étant le plus jeune, est incontestablement le choix de Dieu pour aider sa famille.

Ainsi, ils vont s'acharner sur lui pour détruire sa vie, du moins le tuer.

C'est ce que font les sorciers très souvent.

Voilà pourquoi plusieurs familles sont plongées dans le désespoir aujourd'hui.

Elles n'ont pas compris qu'il ne peut y avoir deux soleils dans un ciel.

Si Dieu vous donne « un soleil » et que vous le détruisez, il ne vous restera plus qu'à vivre dans le noir.

Dans pareil cas, la seule rédemption qui vous reste, est celle qui vient de la parole de Dieu, qui est la lumière pour l'humanité.

Notre benjamine, dans ce témoignage, était valorisée, aux yeux de sa famille, pour ses nombreux bienfaits, alors que son aînée ne l'était pas.

Ayant eu un bon parcours scolaire et universitaire, sanctionné par des diplômes, elle a pu avoir facilement un travail et une bonne situation sociale. Dès lors, lorsqu'elle arrivait dans un lieu donné, elle faisait la connaissance des personnalités importantes. C'est ce qu'on appelle avoir « la gloire de Dieu sur soi ».

C'est une lumière qui est en toi, sur toi et autour de toi.

Quand tu reflètes une telle lumière, c'est souvent que des gens viennent te solliciter pour un prêt de deux ou trois millions de francs Cfa, (5000 euros ou 5000 dollars), alors que toi-même, tu n'as que 50.000f (77 euros ou 100 dollars), sur ton compte, ou même presque rien.

Lorsque Dieu te choisit, la bénédiction vient s'installer dans ta vie.

Dès lors, les gens voient dans ta vie, ce que toi-même, tu ne vois pas souvent.

Pour parler simplement, disons que la gloire de Dieu sur une personne renvoie à l'image de quelqu'un qui sort de la douche et qu'un proche interpelle : « Eh ! Tu as laissé de la mousse de savon sur ta tête ! » Pourtant, la personne concernée ne se rend pas compte, en sortant de la douche, qu'elle a de la mousse sur la tête.

C'était le cas de cette benjamine qui portait sa famille à bout de bras. Partout où l'on l'invitait, elle y allait avec sa sœur.

Elle était en compagnie de sa sœur, même lors de ses voyages de mission. Elle présentait fièrement sa sœur à ses collègues et à ses voisins.

En outre, lorsqu'elle s'achetait une paire de chaussures, des vêtements neufs ou un bijou, elle en offrait aussi à sa puînée.

Malheureusement, le diable est venu empoisonner le cœur de cette aînée, qui a commencé à envier sa jeune sœur.

En effet, quand une personne est initiée à la sorcellerie, elle n'est jamais satisfaite, en dépit de tout le bien que tu lui fais.

Le seul jour que le sorcier est content, c'est quand la personne qu'il jalouse meurt.

La plupart des personnes, de nos jours, aiment faire les éloges de leurs proches décédés , alors qu'ils ne reconnaissent pas leurs bienfaits, de leur vivant.

Ils ne parlent pas des bienfaits des personnes généreuses, parce que c'est lorsqu'elles sont mortes que celles-ci les arrangent.

C'est à croire que ces bienfaiteurs, en vie, leur rappellent leurs propres échecs.

La sorcellerie, lorsqu'elle entre dans ta vie, te donne pour mission de détruire ta famille.

En revanche, l'esprit de Dieu, dans ta vie, te donne pour mission de construire, d'élever ta famille.

Comme c'est souvent le cas, dans les confréries, les initiés ont dit à cette aînée que, si elle tue sa jeune sœur, sa couronne glorieuse lui reviendrait.

Plus tard, lorsque la petite sœur, qui a fait la rencontre d'un homme, a accouché, elle a baptisé son bébé du nom de sa grande sœur.

Malgré ce bel hommage qui lui a été rendu, la méchante sœur n'a pas renoncé à son funeste dessein de lui faire du mal.

Elle viendra féliciter la nouvelle maman accouchée, chez elle.

Elle va profiter de cette occasion pour envoûter le nouveau-né et l'initier à la sorcellerie, à partir des yeux. C'est pourquoi dans l'intitulé de cet enseignement, je parle de fermer le mauvais œil ou crever l'œil d'hibou.

Il faut préciser que le méchant utilise le mauvais œil, de deux manières.

Dans un premier temps, ce mauvais œil est utilisé pour manifester la jalousie ou envier la victime du sorcier. Autrement dit, de façon charnelle, le sorcier est amer, lorsqu'il voit ta bénédiction et il t'envie beaucoup. Dans un second temps, il va passer à l'acte, au cours de la nuit.

C'est en ce moment que le mauvais œil est actionné pour détruire ou donner la mort à la victime du sorcier. Ainsi, celui qui a le mauvais œil sourit avec toi, te complimente, et te félicite. Il te fait des éloges, quand bien même, cela lui fait mal au cœur.

C'est par la suite, lorsqu'il a ta confiance, qu'il te porte le coup de grâce, en détruisant ta vie. Cela a été observé, dans les Saintes Écritures.

Lisons 1 **Samuel 18 v 7-9:**

*"Les femmes qui chantaient se répondaient les unes aux autres et disaient : Saül a frappé ses mille et David, ses dix mille.*

*Alors Saül qui entendit la chanson fut très irrité. Cela lui déplut. Il dit en lui-même : On en donne dix mille à David et c'est à moi on donne mille ! Il ne lui manque plus que la royauté."*

Quand quelqu'un commence à tenir de tels propos, c'est qu'il s'est engagé dans un début de sorcellerie.

Car l'une des grandes portes par laquelle la sorcellerie entre dans la vie des personnes, c'est la jalousie.

Un jour, je suis allé dans ma belle-famille avec mon épouse.

Non loin de là, il y avait une jeune fille du quartier qui m'observait.

J'ai dit à ma femme: *"Cette jeune fille a les yeux d'un hibou."* Automatiquement, la fille a commencé à fermer les yeux, parce qu'elle m'a entendu dire cela.

En fait, quand un mauvais œil commence à te regarder, tu as l'impression qu'un danger te guette. David a été regardé de cette mauvaise manière par Saül qui l'a envié, avant de commencer à attenter à sa vie, plusieurs fois de suite.

Les actes de sorcellerie et de destruction de vie, voire la mort qui en découle, se remarquent par des petites choses.

Si tu sais faire attention à ces petites choses, tu peux prévenir le pire.

Méfie-toi des gens qui t'envient et qui te copient, trait pour trait, sans faire de toi leur mentor.

Le sorcier pense toujours que ce qui est à toi devrait lui revenir.

Il croit que tu ne mérites pas ta réussite, mais plutôt, c'est à lui qu'elle devrait revenir.

alors qu'il ne sait pas que tu as travaillé très dur pour atteindre ce niveau de réussite.

C'est pour cela les sorciers aiment tant les héritages. Le sorcier est un partisan du moindre effort.

Il veut que toi, tu travailles crânement pour que lui, il te tue, en fin de compte, et qu'il jouisse injustement du fruit de ton dur labeur.

Le mauvais œil est actionné, pour la destruction des vies, par le clignement des yeux.

Quand une personne qui pratique la sorcellerie cligne les yeux sans arrêt, elle est en train de mettre en action, son mauvais œil appelé aussi « œil d'hibou ».

C'est ce mode d'initiation que les sorciers utilisent, surtout, pour gagner les enfants, notamment les nourrissons.

Le moment de prédilection que ces ennemis spirituels utilisent pour transmettre la sorcellerie aux enfants est lorsqu'ils jouent avec ceux-ci.

Par exemple, le sorcier prend le bébé, le soulève et le fixe des yeux.

C'est par le contact des regards qu'il l'initie, en le fixant avec « l'œil d'hibou » ou le mauvais œil.

C'est pourquoi, si vous avez des enfants, vous devez prier avec eux, et leur chanter des cantiques, bien souvent, pour annuler ces attaques mystiques dont ils font l'objet.

L'on accuse certains chrétiens d'être trop prudents voire alarmistes.

C'est un faux procès qui leur est fait. Faut-il qu'une personne se ruine en jeûnes et prières pour porter une grossesse, avoir la guérison, du travail, pour ensuite perdre tout cela, par manque de prudence ou de vigilance?

Je dis non! C'est pourquoi je t'exhorte à rester très vigilant.

Le mauvais œil, il faut bien le noter également, a la capacité d'envoûter une maison.

C'est par ce moyen qu'opèrent les gens qui te rendent visite, sans te prévenir.

Ils te surprennent chez toi et te brandissent des prétextes trompeurs : « Mon frère, comme j'étais à Abidjan ou à Libreville ici, j'ai jugé bon de passer te voir, avant de partir au village. »

Souvent, c'est une ruse diabolique !

Si tu te lèves pour aller leur chercher de quoi se désaltérer, le sorcier va en profiter pour laisser un œil d'hibou dans ta maison.

Cet œil maléfique va lui servir de caméra cachée pour t'espionner, même en son absence.

À partir de cet instant, tu commenceras à t'interroger sur les sources d'information de tes ennemis spirituels.

Ainsi, ils sauront qui te fréquente, ce que tu manges, qui veut t'épouser…

Il n'y a que Dieu seul qui a la capacité d'être partout à la fois ; le diable n'a pas de don d'être omniprésent.

C'est pourquoi, il a besoin de déposer ses « caméras » dans ta maison pour t'espionner facilement.

S'agissant de caméras cachées, certains ne savent pas que le diable a le plus puissant service d'espionnage du monde.

Dès lors, l'on devine aisément pour quelle raison Satan avait choisi le serpent, dans le jardin d'Éden, pour espionner Adam et Ève.

C'est pour parasiter, voire brouiller ces caméras, que lorsque tu pries, il t'est fortement recommandé de toucher les murs et parois de ta maison, pour que ça te serve de point de contact contre d'éventuels yeux sataniques posés dans ta maison.

Dans l'Ancien Testament, l'encens, qui est brûlé avec le feu, faisait fuir les méchants. Quand le méchant te rend visite et qu'il flaire l'odeur de l'encens ou la fumée dégagée par cette substance, il sortait vite de chez toi, parce que le feu y est allumé.

Mais maintenant, la prière a la capacité de le faire aussi.

Voici pourquoi, pour toi, la prière ne doit plus être une option, mais surtout une obligation.

À part la maison, le mauvais œil est fixé par les méchants sur les objets et les évènements importants de la vie.

Il y a une de mes filles spirituelles qui s'est mariée un jour.

J'y étais, et le Seigneur me montra une vision et j'ai vu que sur le cadeau des mariés, il y avait un œil satanique.

J'ai indiqué ce paquet et j'ai demandé qu'on y mette de l'huile d'olive et qu'on prie, en proclamant le feu du Saint-Esprit sur l'emballage, pour crever l'œil d'hibou qui y clignait.

On a découvert, en déballant, qu'un vieux torchon, semblable à celui utilisé dans les cuisines au village pour soulever les marmites au feu, y était emballé.

C'est pourquoi, ne vous mariee jamais, sans prier sur les cadeaux qu'on vous offre, avant de les envoyer à la maison pour les déballer.

En outre, méfie-toi des présents, sous forme de tableau.

Le problème avec les tableaux, c'est qu'ils se fixent aux murs de ta maison et ils durent dans ta maison, avant de s'abîmer.

C'est pour cette raison les tableaux sont beaucoup ciblés par les ennemis spirituels des mariés à l'effet de détruire leur vie de couple.

Cela explique pourquoi, après le mariage, certains couples se haïssent, se bagarrent et divorcent par la suite, sans raison valable. Ainsi, quand le divorce est prononcé au tribunal, certains couples se séparent définitivement, en pleurant toutes les larmes de leurs corps.

En réalité, ils ont du mal à s'expliquer les raisons profondes de cette séparation.

Dans certaines familles, il existe la mésentente entre frères de même sang. Cette inimitié peut virer rapidement à l'animosité, voire à la guerre fratricide, sans raison objective.

Ce sont des crises savamment orchestrées souvent par les méchants, au moyen de l'œil d'hibou qu'ils déposent, au sein des familles, pour les contrôler et les diviser. Voilà autant de dégâts créés dans la vie des enfants de Dieu par le diable, qui ont été observés, depuis la Genèse jusqu'à nos jours, en passant par le Nouveau Testament.

En effet, de tels rapports d'inimitié ont existé entre Caïn et son frère Abel, entre Jacob et Esaü, de même qu'entre Joseph et ses onze frères, pour ne citer que ceux-là. De toute évidence, Caïn apparaît pour moi comme le premier sorcier de la Bible, lui qui a nourri une jalousie tenace pour son frère.

Cette jalousie s'étant transformée, par la suite, en haine viscérale et finalement en homicide.

Caïn a vu la bénédiction de son frère Abel et il en a pris ombrage, au point de lui ôter la vie, lâchement.

Au regard de ce qui précède et vu les dégâts que cause l'œil satanique dans la vie des enfants de Dieu.

Par Bishop César Kassie

**Prie avec moi et déclare, avec une sainte colère dans le cœur:**

Père éternel, au nom de Jésus-Christ, tout œil, tout manteau de sorcellerie, placé dans ma maison, est déplacé et anéanti. Tout œil satanique ou œil d'hibou, qui avait localisé ma maison, mes activités, mes biens, depuis mon village, est crevé, au nom de Jésus-Christ.

Je déclare, au nom du Seigneur Jésus-Christ de Nazareth, que tout mauvais œil des ennemis de ma vie soit brisé et désormais incapable de me faire du mal pour toujours.

Moi (dire ton nom et ton prénom), je déclare que Jésus-Christ de Nazareth est mon bouclier contre le mauvais oeil déchainé contre ma vie et celle de ma famille; qu'ils soient cassés maintenant même par la puissance du Saint-Esprit.

Je déclare, au nom de Jésus-Christ de Nazareth, que tout mauvais œil actionné contre ma vie par la sorcellerie, le vaudou etc. se casse maintenant même, par la puissance du Saint-Esprit.

Oh Seigneur Jésus-Christ de Nazareth, je déclare par ton autorité, que tout mauvais œil de la sorcellerie, qui m'espionne depuis des années, est cassé maintenant même, par le feu du Saint-Esprit.

Père éternel, Seigneur Jésus-Christ de Nazareth, je te supplie d'étendre maintenant ta main puissante afin de me délivrer du pouvoir démoniaque de l'œil de la sorcellerie.

Je déclare, au nom de Jésus-Christ, que toute alliance de destruction de ma famille, qui est soutenue par le mauvais œil de la sorcellerie, est brisé par le feu du Saint-Esprit.

Je déclare, au nom puissant de Jésus-Christ de Nazareth, que tout sortilège lancé dans ma vie, par le mauvais œil de la sorcellerie, afin de créer un non accomplissement dans ma destinée, est détruit par le feu du Saint-Esprit.

Oh Père éternel, Seigneur Jésus-Christ de Nazareth, je déclare que tout décret de la sorcellerie actionné par le mauvais œil pour apporter l'échec dans mes activités soit consumé par le feu du Saint-Esprit.

Seigneur Jésus-Christ de Nazareth, je prie que tu rétablisses maintenant dans ma vie toute bénédiction que le mauvais œil de la sorcellerie avait détruit.

Je déclare, au nom de Jésus-Christ, que tout mauvais œil de la sorcellerie, qui combat mon enfantement, est percé par l'épée du Saint-Esprit.

Je déclare, au nom puissant de Jésus-Christ de Nazareth, que tout mauvais œil de la sorcellerie, qui provoque le rejet et le mépris de ma personne, soit détruit par la puissance du Saint-Esprit.

Je déclare, au nom de Jésus-Christ, que le mauvais vent provoqué par le mauvais œil de la sorcellerie afin d'anéantir mes biens soit ramené à l'envoyeur.

Je déclare, au nom puissant de Jésus-Christ de Nazareth, que toute force maléfique actionnée par le mauvais œil de la sorcellerie pour attirer le mal et le tourment sur ma vie soit liée et vaincue par la puissance du Saint-Esprit.

Oh Père éternel, lève toi dans ta justice et venge-moi de tout mauvais oeil de la sorcellerie qui combat ma vie .

Oh seigneur Jésus-Christ de Nazareth, jusques à quand mes ennemis se réjouiront-ils à mon sujet? Lève-toi maintenant et perce le mauvais oeil qu'ils utilisent pour me faire du mal .

Le témoignage introductif à la prochaine séquence de notre enseignement sur les armes de la sorcellerie, nous a été rendu par une femme. Dieu lui a fait grâce de contracter un mariage dont sont nés huit beaux enfants. Malheureusement, les huit enfants sont morts les uns après les autres. Lors de l'enterrement du huitième enfant et du dernier de la fratrie, la famille paternelle a soumis la pauvre mère éplorée à un rude interrogatoire.

Elle a accusé cette femme d'être une sorcière. Elle s'en est défendue, soutenant, la main sur le cœur, qu'elle ne sait rien de la sorcellerie, étant croyante et engagée pleinement dans sa foi chrétienne. Elle a assuré ses détracteurs, par cette parole de sagesse:

"*C'est Dieu qui a donné (mes enfants), et c'est lui qui a repris.*"

Cependant, ses beaux-parents lui ont rétorqué qu'ils ont fait des enquêtes qui les ont rassurés que c'était bel et bien elle, la sorcière de la famille, qui livrait ses enfants à la mort. En réalité, la belle-famille n'avait pas tort.

Bien qu'elle soit croyante, cette dame livrait ses enfants à la confrérie des sorciers, sans le savoir.

C'est ce phénomène spirituel qu'on désigne sous l'appellation de sorcellerie inconsciente. C'est une forme de sorcellerie que l'on pratique, sans s'en rendre compte. Effectivement, cette pauvre dame n'avait jamais su qu'elle pratiquait une sorcellerie passive.

Pourtant, elle avait fait une remarque troublante.

C'est qu'avant le décès de chacun des enfants, elle faisait un songe.

Au cours de ce songe, quelqu'un venait lui déposer un œuf dans la main. Par la suite, cette personne lui ordonnait de casser l'œuf.

Se sentant tenue sous l'effet d'une hypnose, elle s'exécutait et cassait l'œuf, dans son rêve.

A chaque fois, ce scénario se terminait par la perte inéluctable d'un de ses enfants.

Cette maman va se rendre dans un camp de prière pour comprendre pourquoi elle est accusée d'être une sorcière. C'est dans ce camp qu'elle aura la révélation qu'elle est effectivement initiée à la sorcellerie, qu'elle la pratique de façon inconsciente.

# REFUSER TOUTE INITIATION À LA SORCELLERIE INCONSCIENTE

La sorcellerie inconsciente est une ruse du diable. Ce type de sorcellerie touche même des personnes qui vont à l'église, mais qui n'ont pas une vie de prière.

De tels "chrétiens" pensent être au service de Dieu, mais ils ne savent pas qu'ils sont initiés à la sorcellerie.

La Parole de Dieu nous aide à comprendre ce phénomène.

Voici ce que dit le livre de

**1 Corinthiens 12 v 12:**

*"Vous savez que, lorsque vous étiez païens, vous vous laissiez entraîner vers les idoles muettes, selon que vous étiez conduits."*

Il faut bien distinguer la sorcellerie inconsciente de celle que tout le monde connaît, à savoir la sorcellerie consciente.

Dans la sorcellerie dite consciente, le candidat à l'initiation voit son cœur de chair changer en cœur de pierre, avec son propre accord.

Comme je l'avais expliqué précédemment, l'on change son cœur de chair en un coeur endurci et impitoyable.

Ce n'est pas le cas, dans l'initiation à la sorcellerie inconsciente.

La sorcellerie inconsciente s'introduit dans la vie d'une personne sous deux formes.

La première forme ou étape de l'initiation s'appelle la transmission de la mauvaise semence.

La seconde étape s'appelle le marquage.

Cette mauvaise semence est évoquée dans le livre de **Matthieu 13 v 25.**

Il y est écrit que pendant que les gens dormaient, l'ennemi est venu semer la mauvaise graine dans leur terre.

Ce verset explique, entre autres, que c'est au cours du sommeil que cette étape de l'initiation par la mauvaise semence se déroule.

L'ennemi utilise le temps du sommeil, parce que cet état n'est pas seulement réparateur; il est également prophétique.

En effet, c'est parce que le sommeil est prophétique que souvent Dieu, pour faire des miracles dans ta vie, te fait sombrer dans cet état.

Parlant de sommeil, nous constatons que le premier homme, Adam, lorsqu'il avait éprouvé un grand vide dans sa vie, a été plongé dans un profond sommeil par le Créateur.

Dieu, qui est le même hier, aujourd'hui et éternellement, va créer Ève, à partir de ce moment.

Ève ici, dans ce contexte, c'est tout ce qui manque dans ta vie, que tu espères, pour avoir une vie pleine, bien comblée.

Il s'agit de la guérison que tu attends, de ton mariage, ta grossesse, tes papiers, ta bénédiction financière...Dieu va te faire dormir pour créer toutes ces choses qui te manquent.

Car la Bible déclare dans les

**Psaumes 127 v2:**

*"En vain vous levez-vous matin, vous couchez-vous tard, Et mangez-vous le pain de douleur; Il en donne autant à ses bien-aimés pendant leur sommeil."*

Il y a quelqu'un qui a observé Dieu, quand Il faisait toutes ces choses. C'est Satan, qui va chercher à créer, par imitation, la désolation dans ta vie, pendant ton sommeil.

Dans le livre de **Matthieu 13 v 25**, plus haut il est écrit qu'il profite de la nuit,

c'est-à-dire pendant que les gens dorment, pour venir semer l'ivraie, qui est la mauvaise semence, dans leur terre.

Cette ivraie détruit la bonne semence plantée sur le même sol qu'elle. Le blé, ici, symbolise la destinée glorieuse que Dieu prépare pour toi. Cela est d'autant plus évident que, comme dit **Jérémie 29 vii**, les projets que Dieu a formés sur nous, sont des projets de paix et non de malheur.

L'ennemi vient planter donc sa mauvaise semence dans notre terre. Si nous sommes chrétiens, et que nous n'avons pas une vie de prière, nous sommes une proie facile pour les semeurs d'ivraie.

Au cours de tes songes, tu te retrouves en train de boire des breuvages que tu n'as pas préparés et de manger des mets que tu n'as pas concoctés?

Ce sont des signes de la présence d'une mauvaise semence, dans ta vie. Le diable te fait manger cette nourriture maléfique parce qu'il veut que cette mauvaise semence soit enfouie en toi, comme une graine, pour ensuite grandir comme une plante et porter du fruit.

À partir de ce moment, tu vas voir que tu manifestes des comportements inhabituels.

Ainsi, ayant reçu cette mauvaise semence, même si tu partais à l'église régulièrement, tu commenceras à haïr ton prochain.

Ce sont de tels fidèles que l'on voit, dans les églises, semant la division, au sein de la communauté chrétienne.

À ce propos, je vais te raconter l'histoire d'une fillette de sept ans. Son oncle est venu un jour rendre visite à la famille de celle-ci. À cette occupation, elle s'est exclamée : « Tonton, j'ai vu en rêve la voiture que tu conduis en ce moment a complètement brûlé ! »

Cet oncle, ne sachant pas que la petite fille révélait le plan de la sorcellerie contre sa vie, a vu effectivement, sa voiture cramer, au bout de deux jours, C'est ainsi que le pauvre oncle a été tué accidentellement.

En réalité, la petite fille n'a fait que dévoiler à l'oncle, ce qui avait été arrêté contre lui, par la confrérie à laquelle elle faisait partie.

Lorsque tu es un homme ou une femme de prière, tu dois avoir le discernement.

Quand une personne te parle, il faut prendre au sérieux ses dires et prier, par rapport à cela.

Car Dieu nous parle de diverses manières.

Il peut le faire par la bouche de tout un chacun, y compris celle de nos ennemis qui peuvent laisser percevoir leur plan sans le vouloir. Pour cette raison, soyez très vigilant, en toute circonstance.

Dans la Bible, Samson était un homme robuste, mais c'est un garçon qui lui a montré les colonnes du temple de Dagon, en le tenant par la main. (**Juges16 v 23-30**). C'est ainsi qu'il détruisit ce temple appartenant aux impies.

Souvent, l'information qui peut te sauver la vie sort de la bouche même d'un enfant.

Par exemple, la servante qui travaillait chez Naaman, le général syrien, était une enfant.

Malgré son jeune âge, la parole qui allait guérir ce grand homme de la lèpre se trouvait dans sa bouche **(2 Rois 5 v 1-25)**. Certes, tu ne dois pas croire forcément toute révélation qui t'es faite, mais il faut te servir de l'information qu'elle contient pour prier.

L'initiation à la sorcellerie inconsciente nous vient également de ce que nous révèle **1 Corinthiens 12 v 2**.

Que nous dit cette portion des Écritures ?

Elle nous fait savoir que les mauvaises choses que nous avions pratiquées, par obéissance à nos parents, nous influencent négativement. Conformément à nos us et coutumes, certains parents recommandaient, hier, à leurs enfants , de se rendre au village et de porter des tenues blanches ou noires, de les retrouver dans telle forêt ou au bord de tel fleuve et d'y jeter un poulet ou un objet quelconque.

Peut-être que, pour ta part, tu faisais ces choses par innocence, ou simplement, tu aimais aller au village parce que c'était l'occasion de rencontrer tes parents de la grande famille.

Toutefois, sache que pour avoir adoré des fétiches ou autres objets sacrés démoniaques l'on a injecté en toi, la mauvaise semence de la sorcellerie inconsciente.

Pour toi aussi qui te rendait chez les féticheurs, les marabouts, les devins et autres charlatans, espérant y trouver solution à tes problèmes, tu as reçu aussi une mauvaise semence de la sorcellerie inconsciente. Quelquefois, on t'y a donné des breuvages à boire ou des mets spéciaux, des feuilles, à manger, pour te protéger contre le sorcier qui te menaçait.

En réalité, en le faisant, tu t'es livré, les pieds et les mains joints, au féticheur, qui est un allié de la sorcellerie que tu croyais fuir.

Il y a un homme de Dieu, dont le prénom est Gustave .

Dans sa vie antérieure, il était assistant féticheur.

Il a été libéré de l'esprit de fétichisme par la suite.

C'est à lui que le féticheur disait de prendre tel objet et de le placer sur tel fétiche.

Il jouait donc un rôle important, auprès de ce dernier.

Il avait regretté que le diable l'ait manipulé, pendant si longtemps, avant sa conversion et son engagement au service de Dieu.

Cet homme de Dieu m'avait fait cette confidence : *"Lorsque je travaillais avec le féticheur, après la consultation de ses patients, quand ils rentraient, il se rendait derrière un pagne fixé dans son local Je pouvais entendre mon ex-maître traiter avec des gens dont les voix me parvenaient."*

Son maître suppliait alors ses interlocuteurs invisibles : *"Écoutez, comme telle personne est venue me voir, pour m'exposer son problème, je vous supplie, déplacez ce problème pendant un mois pour qu'il dise que je suis fort.*

*Je vais enlever donc le mal dont il souffre du pied pour l'envoyer dans son bras."*

Que retenir de ces confidences?

Il faut comprendre que ceux qui courent pour aller chercher les solutions à leurs problèmes, chez les féticheurs et autres charlatans, déplacent simplement lesdits problèmes, au lieu de les résoudre. Néanmoins, nous, nous avons l'Éternel, Dieu d'Israël. Notre Père ne déplace pas les problèmes ; Il les résout définitivement.

Souvent, tu fais un songe dans lequel tes ennemis spirituels te poursuivent jusque dans tes derniers retranchements.

Alors, n'ayant plus d'issue, tu te jettes dans un plan d'eau où t'engouffres dans un trou, ou encore tu te camoufles dans une forêt.

De tels songes procèdent de la ruse du diable pour pousser ton âme à se réfugier où il t'attend.

Tu verras, à partir de ce moment-là, que tes problèmes augmentent, tes projets sont bloqués et tes activités sont frappées de paralysie.

Si tu ne combats pas cela par la prière on te verra en songe, en train de poursuivre les gens ou égorger des gens, à ton tour.

Quand c'est le cas, ça veut dire que ton initiation a marché et que tu es en train de manifester les signes de la sorcellerie inconsciente.

Si tu vois des personnes mourir dans ton songe et que cela se réalise, tu ne dois pas t'en enorgueillir et faire croire que tu as un don de voyance.

Il n'en est rien de tout cela.

Ce que tu manifestes s'appelle la sorcellerie inconsciente.

Il y a de cela un certain temps, je vivais à Abidjan, précisément dans la commune de Port-Bouet où j'animais ma cellule de prière.

Une femme est venue me voir, en ce lieu, un jour, vers 5h30, après ma prière matinale.

Cette femme qui avait pour père un douanier, tout comme moi, toqua à ma porte pour me dire qu'elle venait voir le pasteur César.

La visiteuse m'a dit que, lorsqu'elle voit quelque chose, cela se réalise forcément.

Or, dans un songe, m'a-t-elle assuré, elle m'a vu mort.

Elle m'a fait savoir que tel était l'objet de sa visite matinale.

Effectivement, dans le quartier, elle avait la réputation de faire des songes qui se réalisent absolument.

Je lui ai répondu ainsi :

"Note bien cette date : c'est la seule date à laquelle tes songes qui se réalisent et ta sorcellerie vont s'arrêter. Au nom de Jésus-Christ de Nazareth qui m'a promis que je vais vivre longtemps, et qui a dit qu'il fera de moi une source de délivrance des nations, dans le monde, j'annule donc cette parole, au nom de Jésus -Christ de Nazareth.

Et je déclare, par Jésus-Christ qui a permis que cette parole de foi soit prononcée sur ma mère, afin qu'elle qui était une femme stérile, elle accouche et qu'elle ait sept enfants dont je suis le premier-né, je ne mourrai pas.

Je vivrai et je raconterai les merveilles de Dieu.

La dame s'est étonnée de ma réaction et m'a demandé : *"Mais, pourquoi tu cries comme cela ?"*

Je lui ai rétorqué : *" Je ne crie pas sur toi, mais je crie sur l'esprit qui est en toi.*

*Ta parole n'aura pas d'effet sur ma vie. Je retourne cette parole à l'envoyeur."*

Tout agacée, la dame s'est empressée de sortir.

Néanmoins, je l'ai poursuivie, tout en continuant de lui parler.

En ces termes: *"La parole que tu as envoyée dans ma maison ne restera pas ici, mais elle retourne avec toi."* Elle a répliqué et elle a dit que cette parole ne retournera pas avec elle. C'est alors que je lui ai dit que, dans ce cas, elle n'est pas si naïve et qu'elle sait ce qu'elle était venue faire, chez moi, avec cette parole maudite!

Je vous ai donné cet autre témoignage pour vous avertir que n'importe quel enfant du diable peut venir déposer une mauvaise semence chez toi ou en toi.

Si l'on dit de toi que, lorsque tu vois une personne mourir en songe, cela se réalise effectivement, sache que, dans ce cas, tu pratiques la sorcellerie inconsciente. N'ayant pas été appelé au service de Dieu, consacré prophète, pasteur ou même, n'étant pas baptisé, d'où te viendrait cette onction ?

De plus, qui te révélerait ces choses cachées, dans la vie des gens?

Ce faisant, tu utilises de la malice, de la ruse, des manœuvres diaboliques, pour séduire les gens qui n'ont ni la connaissance, ni le discernement.

Il s'en trouve, des gens qui tombent en transe, lors des funérailles ou dans les cimetières et qui disent des paroles, au nom du défunt.

Celui qui fait ces choses est un adepte de la nécromancie.

Or, cette pratique relève du satanisme, de la sorcellerie inconsciente.

Un enfant de Dieu ne parle pas de la part des morts.

Notre Dieu n'est pas celui des us et coutumes trompeurs ; Il est plutôt le Dieu de vérité.

Notre seule tradition se trouve dans la parole de Dieu ; le reste n'est que de vaines fables.

Je me souviens que, l'année à laquelle j'ai perdu ma mère, Dieu m'a demandé de continuer son œuvre, à savoir : prier pour les malades, délivrer les personnes oppressées... Le quartier s'était étonné de la reprise de mes activités spirituelles, le Dimanche qui a suivi la disparition de maman.

D'ailleurs, beaucoup se sont convertis, lors de cette croisade d'évangélisation.

Après cela, le gardien qui mourra d'ailleurs, quelque temps après, est venu me voir pour me faire une confidence trompeuse : *"Tu sais, moi, je ne vais pas à l'église, mais on avait un grand-père qui m'a donné quelque chose, que j'ai mis sur moi.*

*Ce qui fait que je vois dans le monde invisible.*

*Je ne tue pas les gens, mais je dis ce que je vois aux gens.*

*Ta maman qui est décédée est là et elle te regarde !"*

Je lui ai demandé : *"Elle est là, c'est-à-dire où exactement ?"*

Il a poursuivi : *" Elle est assise là et elle te regarde.*

*Elle te dit de ne plus prier. Tant qu'elle n'est pas partie définitivement, elle te demande de ne plus prier ici. "*

Je lui ai répondu : " *Dis à maman : qu'elle sorte, parce qu'il n'y a personne qui est assis, ici, au salon.* " Il s'est offusqué de ma réaction. J'ai répliqué, en parlant plus fort :

*"Je dis qu'il n'y a personne, ici, au salon. Je t'annonce que, si la prière que je fais t'importunes, tu n'auras pas le temps d'assister aux funérailles de ma maman qui ont lieu ici.*

*Durant le temps de prière, il passera son temps à aller aux toilettes."*

Le lendemain, son acolyte qui avait les mêmes pratiques et lui ont été pris d'une violente diarrhée.

Ça s'est passé ainsi, durant tout le temps des obsèques de maman.

Fais donc attention aux gens qui viennent à toi, avec le manteau mensonger de prophète.

Quand Dieu te montre une révélation, il t'apporte toujours la paix, car il te dit : " *n'aies pas peur parce que je combattrai pour toi.* "

L'Éternel a dit au peuple d'Israël, dans **le livre d'Exode 14:** " *Les Égyptiens que vous voyez aujourd'hui certes ils sont armés, mais ne craignez pas, car je combattrai pour vous."*

Notre Dieu est amour. C'est pour cela, il te montre le danger qui te guette. Cependant, il te montre sa fidélité dans cette épreuve, en t'apportant son secours.

Il y a des personnes qui réalisent que la sorcellerie qui leur a été envoyée, est liée à leur vie d'adultère ou de désordre sexuel.

Certains ont des maladies périodiques.

Ces maladies se manifestent à la même période de l'année. C'est un signe qui doit les alerter, car cela montre que leurs maladies ont été transmises par le moyen d'une semence maléfique.

Lors des séances de délivrance de ces personnes, ils se mettent à vomir pour faire ressortir cette semence diabolique introduite en elles.

Je me rapelle q'une fois une personne a vomi de la chair, lors de sa délivrance.

Ce qui signifie que dans son initiation inconsciente, elle a mangé de la chair humaine.

D'ailleurs, son ventre était enflé tout le temps, parce que les sorciers lui réclamaient cette viande humaine. Comme cette maladie la rongeait à petit feu, cette femme s'est rendue à l'hôpital où une cirrhose du foie lui a été diagnostiquée.

Néanmoins, je lui ai dit qu'il n'en était rien. C'est pendant sa prière de délivrance qu'elle s'est mise à tousser fortement, jusqu'à ce qu'elle le rende.

La chair humaine est sortie de son ventre et elle a été guérie, trois jours après.

Souvent, tes nuits sont agitées, tu n'arrives pas à dormir. Quelquefois, c'est un signal pour t'annoncer que des gens malveillants, qui t'ont initié à la sorcellerie, viennent réclamer ce qu'ils t'ont donné.

Ils veulent être forcément avec toi, durant cette nuit-là, mais comme ton esprit rejette leur pratique, alors il y a un combat spirituel qui s'engage entre eux et toi.

Un jour, le Seigneur Jésus-Christ a dit à Simon-Pierre, qui est issu d'une famille de pêcheurs, réputés pour être de grands adorateurs des eaux : " Simon, Simon, Satan vous a réclamés pour vous cribler comme le blé. » **(Luc 22.31)**

En réalité, c'est pour briser ces liens ancestraux qu'un nouveau chrétien doit faire sa délivrance.

Il ne faut pas croire tous ces pasteurs qui disent que parce tu as cru en Jésus-Christ, toutes choses étant devenues nouvelles, tu n'as pas besoin de délivrance. En majorité, ceux qui vont à l'église ne sont pas encore des chrétiens. Ils portent des noms et des titres de chrétiens, mais ils ne sont pas encore engagés véritablement pour Jésus -Christ et en Jésus -Christ.

Un chrétien vrai est une personne qui marche, selon la parole du Seigneur Jésus-Christ.

C'est parce que nous peinons à atteindre ce statut que le diable a la latitude de nous oppresser, à cause des mauvais agissements qu'il observe en nous.

C'est, lorsque le chrétien est converti, c'est-à-dire qu'il marche, selon la parole de Dieu, qu'on dit que, pour lui, selon **2 Corinthiens 5 v17**, les choses anciennes sont passées, et que voici, toutes choses sont devenues nouvelles.

Un tel chrétien n'aura plus peur. Quand il arrive quelque part, la lumière qu'il reflète chasse les ténèbres.

Il y en a qui jurent qu'ils sont des chrétiens achevés, mais qui ont peur d'aller au village.

Pourquoi craignent-ils d'y aller ?

Ils savent, dans leur for intérieur, qu'ils n'ont pas encore fait véritablement la paix avec le Seigneur.

Si tu connais tes faiblesses, tu ne dois pas négliger la prière.

Un jour, j'ai prêché un message et des hommes de Dieu sont venus me voir pour me dire de faire attention à ce que je dis, car je suis beaucoup suivi. Ils me reprochaient d'avoir soutenu, dans une prédication : *" Même le pasteur qui prêche, n'est pas encore guéri. "* Alors, je leur ai demandé : *"Vous-mêmes qui êtes venus me voir, est-ce que vous êtes guéris ?"*

Voyez-vous, c'est pour toutes ces raisons que les fidèles ont peur d'expliquer leurs problèmes aux pasteurs.

Ils craignent tout simplement d'exposer leur vraie vie car l'Église est devenue un bal masqué.

Chacun porte le masque qu'il veut que le pasteur voie.

C'est ainsi que tu vois des fidèles qui portent le masque de la piété, alors que dans le secret, ils fument, se droguent, se prostituent, volent...

La réalité est aussi que des fidèles cachent leurs péchés parce qu'on a plus tendance à juger les gens et à les condamner, plutôt que de les aider à sortir de leur vie de pécheur.

Cela est contraire à l'attitude du Seigneur Jésus-Christ qui disait au pécheur : "*Va, ne pèche plus !*"

**Prie avec moi maintenant, la main posée sur le ventre :**

Ainsi, tu vas annuler tout ce qui t'a été donné à manger pour t'initier à la sorcellerie inconsciente.

NB : Après cette prière, tu auras des manifestations au ventre, des diarrhées, des vomissements, des pets, des rots...seront observés.

Si tu as de telles réactions, n'aie pas peur, c'est ta libération qui est en cours.

Fais cette déclaration maintenant :

*"Père éternel, que toute sorcellerie inconsciente ou toute mauvaise semence, qui est entrée en moi, sorte, au nom de Jésus-Christ."*

La jalousie, l'envie, la haine, la méchanceté et le mensonge sortent définitivement de ma vie, au nom de Jésus-Christ.

Toute nourriture démoniaque que j'ai mangée, toute boisson maléfique que j'ai bue, pendant que je tiens ma main sur mon ventre, je déclare que cela n'a plus d'effet sur moi.

Ma vie est libérée de toute mauvaise semence, au nom de Jésus-Christ.

Mon enfant ne sera pas initié par ma famille, encore moins dans son école, au nom de Jésus-Christ

Si quelqu'un était un gardien satanique, dans ma maison, que cette personne soit exposée et demasquée, au nom de Jésus.

Je déclare, au nom de Jésus-Christ de Nazareth, que je brise tout rite satanique pratiqué dans le monde des ténèbres pour m'initier à la sorcellerie.

Par l'autorité de Jésus-Christ de Nazareth, je détruis toute cérémonie d'initiation à la sorcellerie pratiquée sur moi par ignorance et j'annule toutes ses conséquences par la puissance du Saint-Esprit

Par Bishop César Kassie

Au nom puissant de Jésus-Christ de Nazareth, je détruis tout rituel d'initiation à la sorcellerie faite sur mon corps et je supprime ses pouvoirs, par le feu du Saint-Esprit.

Oh Seigneur Jésus-Christ de Nazareth, par la puissance de ton nom, je brise les paroles qui ont été dites sur moi, pendant que je dormais, pour m'initier à la sorcellerie

Par l'autorité suprême du nom de Jésus-Christ de Nazareth, je détruis tous les rituels et cérémonies de succession au trône de la sorcellerie faits par un membre de ma famille, en rêve.

Au nom de Jésus-Christ de Nazareth , je rejette et refuse toute responsabilité satanique que les sorciers de mon village, de ma ville ou de ma famille veulent me confier afin de faire de moi leur complice .

Je déclare, au nom de Jésus-Christ de Nazareth, que le contrat entre la sorcellerie et tout membre de ma famille qui veut que je lui succède dans la confrérie est consumé maintenant même, par le feu du Saint-Esprit.

Je détruis, par le sang de Jésus-Christ de Nazareth, toute chose qui m'a été donnée à manger ou à boire, pendant que je dormais afin de m'initier à la sorcellerie et j'annule sa date d'accomplissement dans ma vie , par le feu du Saint-Esprit.

Je déclare, au nom de Jésus-Christ de Nazareth, que toute alliance de la sorcellerie qui détruit la destinée des membres de ma famille, est brisée par l'épée du Saint-Esprit.

Je déclare, au nom de Jésus-Christ, que le pouvoir du sang maléfique de la sorcellerie utilisé pour tenter de m'initier est brisé par la puissance du Saint-Esprit.

Je déclare, au nom de Jésus-Christ de Nazareth, que tout sorcier ou toute sorcière, qui a introduit les blocages de toutes sortes dans ma vie, tombe et meurt maintenant même.

Je déclare que le sang de Jésus-Christ de Nazareth annule toute entreprise de la sorcellerie contre ma destinée.

Je déclare, au nom de Jésus-Christ de Nazareth, que tout poison de sorcellerie injecté dans la vie de mes enfants, est détruit par le feu du Saint-Esprit.

Je déclare que toute cage de la sorcellerie façonnée pour enfermer la destinée des membres de ma famille prend feu maintenant, par la puissance du Saint-Esprit.

Je déclare, au nom de Jésus-Christ de Nazareth, que tout pouvoir de la sorcellerie assigné contre ma vie et mon mariage est détruit par le feu du Saint-Esprit.

Au nom de Jésus-Christ de Nazareth, je déclare que tout canari de la sorcellerie utilisé pour attaquer ma vie et celle de mes enfants explose maintenant.

Par Bishop César Kassie

Je déclare, au nom de Jésus-Christ de Nazareth, que toute malédiction de la sorcellerie qui enchaîne ma destinée est brisée par l'épée du Saint-Esprit.

## EFFACER LES MARQUES SATANIQUES LAISSÉES SUR TOI

Nous avons vu, dans l'enseignement précédent, comment la sorcellerie inconsciente est communiquée subtilement à certaines personnes, par le moyen de ce qu'elles ingurgitent ou par des pratiques dites ancestrales ou traditionnelles.

À cette arme du diable, il faut ajouter un autre instrument satanique qui s'appelle : le marquage des sorciers. En effet, le diable qui sait que la foi de plusieurs personnes dans le Seigneur Jésus-Christ, n'est pas affermie réellement, souffle sur toi, un vent de maladie.

Désemparé, tu vas commettre l'erreur fatale de courir chez le féticheur le plus proche.

Une fois dans l'antre du diable, le féticheur qui est son agent va proposer de te faire des incisions sur le corps.

Ces fines coupures vont t'être faites, avec une lame, sur les poignets, les pieds, la poitrine et sur d'autres parties du corps.

Pour ne rien arranger, le féticheur prendra le soin de mettre sur tes incisions des substances dont tu ne connais, ni la nature, ni la provenance. Ces substances douteuses vont contaminer ton sang, naturellement.

À partir de ces incisions, le féticheur, le marabout ou le charlatan, qui est un allié des sorciers, marque sa victime que tu es.

C'est de cette façon que beaucoup ont pactisé avec le monde de la sorcellerie.

Certains nous ont confié que, pendant que le féticheur les incisait ou les scarifiait, il a sucé leur sang et a craché trois fois, par terre.

Ce rite veut dire que le devin a capturé leur âme.

À chaque fois que quelqu'un suce ton sang et le recrache par terre, il te fait ce qu'on appelle : un marquage. L'homme, faut-il le relever, est composé de trois entités : le corps, l'âme et l'esprit.

Il faut savoir aussi que la vie est dans le sang.

Lorsque tu permets à quelqu'un de sucer ton sang et de le recracher, tu lui donne ton accord pour qu'il prenne autorité sur toi, pour toujours.

Voici pourquoi certaines personnes n'avancent pas dans la vie.

Et même, quand elles commencent à avancer dans leur parcours de vie, elles ont le sentiment qu'il y a des gens qui leur font des réclamations, en vue de les ramener en arrière.

Cela est rendu possible parce que celles-ci ont autorisé un quidam à prendre leur sang.

Or la vie, autrement dit:" *L'âme de toute chair, se trouve dans le sang* ", précise **Lévitique 17 v 11**.

Celui qui a pris ton sang, quand bien même, tu aurais voyagé, a une influence sur toi, car ton sang va rester dans la case où il l'avait pris pour le sucer et le recracher.

Ton âme qui est contenue dans ton sang, va rester aussi, dans la case qui abrite les idoles, les esprits maléfiques et les démons.

Tu me diras certainement, pour te justifier *: " Je l'ai fait parce que j'avais mal, et je voulais juste soigner cette maladie."*

Ton intention peut être noble, n'empêche que le sang y a coulé, et là où il y a le sang qui est versé, il y a forcément un pacte qui est scellé, avec un esprit ou une idole.

**1 Corinthiens 12 v 2** ne dit-il pas que : "*Lorsque vous étiez païens, vous avez été entraînés irrésistiblement vers les idoles muettes?*"

En outre, il faut noter que le marquage est une pratique satanique qui a un lien avec les totems que des personnes observent de nos jours, qui se traduisent par des interdictions alimentaires. Untel te diras, dans notre famille, on ne mange pas le poulet ou l'escargot etc.

Il faut aussi savoir que, dans un village, on peut marquer tous les enfants d'une famille voire d'un même lignage.

Ainsi, on pourra dire, puisque ta mère est venue ou ton père est venu de telle famille ayant le poulet pour totem, tu ne mangeras pas le poulet, non plus. Des frères et sœurs *"chrétiens"* vont suivre de telles recommandations édictées par les anciens de leurs familles, au détriment de ce que la Parole du Seigneur Jésus-Christ leur demande d'observer.

C'est à croire que de tels fidèles sont en train de dire à leur Créateur : *"Pendant que je vais à l'église, et que je dis que j'ai changé de vie, l'esprit du village, de ma famille, a toujours autorité sur moi."*

Tu ne dois nullement ignorer qu'à partir de ces liens spirituels, entre ta famille et toi, qui sont entretenus de la sorte, tu donnes autorité aux méchants, issus de ton village, de réclamer ta vie ou ta destinée.

C'est très subtil, mais ce marquage spirituel, quoique silencieux et invisible physiquement, va te coller à la peau et fonctionner comme un badge.

Partout où tu iras, celui qui a l'œil spirituel aiguisé, dans la confrérie, pourra t'identifier et te reconnaître, comme étant des leurs.

Retiens-le bien : le totem est un marquage dans ta vie.

Toutes les fois que tu observes un totem, tu revendiques et assume pleinement ce marquage.

Il y a une de mes filles dans le Seigneur, qui avait des problèmes.

En la sondant, au cours de sa cure d'âme, l'Esprit de Dieu m'a montré une poule.

Il m'a montré comment la poule se nourrit, en mangeant en surface, mais pas en profondeur.

Ainsi, m'a-t-il instruit qu'à l'image de la poule, elle n'a pas de bénédictions profondes, mais elle a des bénédictions superficielles.

Lorsqu'un homme la courtise et s'engage dans une relation amoureuse avec elle, au début, il a de bonnes intentions et il promet de la doter.

Mais pour des raisons que personne n'arrive à expliquer, la relation tourne court et cet homme l'abandonne.

Et c'est le perpétuel recommencement.

Comme la poule a plusieurs partenaires, mais pas un époux ou un compagnon fixe, elle n'a que des relations amoureuses instables et sans lendemain.

Quand je lui ai révélé l'image du poulet et toute cette symbolique qui l'entoure, elle m'a dit qu'effectivement, elle est issue d'une famille qui a le poulet pour totem.

Ne te mets pas sous le joug des animaux ou des choses, en continuant d'observer de tels totems.

Comment des enfants de Dieu peuvent -ils eux-mêmes se rabaisser, au point d'adorer le poulet, la biche, le bœuf, le poisson, des animaux sur lesquels l'Éternel leur a donné l'autorité de dominer, depuis le commencement du monde ?

Les tatouages, qui sont les modes de représentation des animaux sur le corps, sont aussi d'autres formes de marquage.

Lorsque nous étions encore plus jeunes, les gens partaient prendre des pouvoirs chez les féticheurs pour être forts et imbattables, dans une bagarre.

Dans notre jargon, à l'époque, on parlait d'aller prendre des " *canques* ", chez ces devins.

Des gens sollicitaient les féticheurs pour leur ''mettre le courant dans le corps''. Ce talisman appelé pouvoir de silure, lui procurait une grande force pour se battre, face à l'adversaire.

Il s'en trouvait, des gens, qui optaient pour d'autres pouvoirs appelés os de gorille ou pied d'éléphant.

Ces pouvoirs qui donnaient la force physique pour battre l'adversaire, s'obtenaient, lorsque tu fais des incantations ou que tu mets des objets ou des substances sur le corps, voire dans le corps.

C'est comme si la personne qui recevait ces substances dans le corps se faisait infecter le sang par ces corps étrangers qui y sont introduits. Ces corps étrangers fonctionnaient comme des injections de démons ou d'esprits méchants dans le corps des candidats aux *"canques"*.

Le marquage se fait aussi par le moyen du sexe.

On voit des filles qui ont des relations intimes avec des personnes plus âgées, désignées par celles-ci, sous l'appellation sympathique de *" sugar daddy "*, rien que pour leurs soutirer malicieusement de l'argent.

Peu de filles savent que la plupart de ces gens viennent leur voler ce qu'elles ont comme gloire et bénédiction.

Comme on le dit souvent, ces personnes fortunées volent la bonne étoile de ces jeunes filles.

Au début, ça semble être une belle histoire d'amour, mais ça finit toujours tristement.

Il est bon d'accepter la souffrance, avant le bonheur.

Par Bishop César Kassie

Pour tout enfant de Dieu, la bénédiction vient, après que tu es passé par l'épreuve de la foi.

Comme le dit cette expression élégante : *"Après l'effort, vient le réconfort !"*

En toute chose, tâche d'avoir une bonne fondation.

Quelle que soit la violence du vent et de la tempête qui s'abattent sur une maison bâtie sur une fondation solide, ils n'arrivent pas à la démolir.

Des hommes vont te proposer des sommes d'argent importantes pour coucher avec toi ou des femmes aussi le feront.

La tentation sera forte, à un certain moment, mais il te faut y résister.

Nous qui sommes des hommes de Dieu, nous savons que, si tu te laisses séduire par ces propositions indécentes, tu cours à ta perte certaine.

Néanmoins, si tu résistes à ce piège du diable, tu auras une destinée glorieuse.

De toute évidence, l'argent qui n'est pas gagné sainement est un gain satanique.

Ce type d'argent est comme du sable ; ça ne peut pas faire pousser ce que tu y plantes comme semence ou projet.

En recevant l'argent que tu perçois pour faire du sexe ou faire une basse besogne, tu saisis une illusion, qui ne te profitera jamais.

C'est juste une ruse de l'ennemi pour te faire un marquage spirituel.

De nombreuses femmes, qui sont belles, mais qui n'arrivent pas à se marier, ont vendu leur mariage, de cette façon.

En couchant ici et là avec ces gens qui font des marquages démoniaques.

A un certain moment, tu vas commencer même à dégager une mauvaise odeur.

Il y a des filles qui ont, par la suite, des maladies qui attaquent leur intimité, qui les rendent stériles ou leur laissent des fibromes, des kystes et des infections incurables.

C'est à ce moment que les hommes commenceront à te fuir, lorsque tu leur parleras de mariage.

Tu comprendras, plus tard, que ce fut une erreur, d'avoir laissé des hommes ou des femmes méchants(es) marquer ta vie, au prix de l'argent facile, qui est éphémère.

En Côte d'Ivoire, il y a des gens qui désignent les jeunes filles ou les dames par des appellations élégantes : «

skinny » pour parler des filles minces et « apoutchou », pour celles étant grosses ou fortes.

De prime abord, ça semble amusant d'utiliser de telles appellations glamour pour désigner des filles qui t'attirent. Toutefois, derrière toutes ces situations amusantes, il se joue ton avenir, ta réussite sociale.

Il y a des hommes qui prophétisent sur leur vie, en tenant un langage irresponsable, devant les filles.

Ils regardent une fille ou une femme, en fixant son postérieur et s'exclament : "Ça va me tuer !"

Effectivement, derrière le plaisir éphémère que peut procurer le commerce sexuel avec ces filles, se cache un marquage spirituel et la mort qui peut en découler.

Le sexe est un puissant instrument de destruction des vies, utilisé par Satan. Des moments bien indiqués, comme la fin de l'année, sont utilisés par le diable, pour faire sortir des corps des eaux, des cimetières et des forêts, pour venir séduire les enfants de Dieu. Il y a une dame qui nous a raconté son histoire.

Cette dame vivant à Port-Bouet, nous a dit qu'elle pratique des actes métaphysiques, consistant à se transformer et à aller sous l'eau pour faire des réunions, chaque jeudi, avec la sirène des eaux, connue sous le vocable de « Mami Watta ». Elle m'a fait également cette confidence qu'elles étaient envoyées dans les banques spirituellement où elles vidaient les coffres de certains agents, les exposant au renvoi.

Ce qu'elle dit n'est pas faux.

Le diable est un voleur, selon ce que nous révèlent les Saintes Écritures. Cela explique certainement pourquoi tant d'argent circule partout, pour séduire les enfants de Dieu.

Les sorciers initient les personnes issues de toutes les catégories socio-professionnelles, pour contrôler le monde : les autorités diverses, les fonctionnaires, les travailleurs libéraux, les ouvriers, les marchands, les élèves...

Le diable va te marquer, de sorte que dans le milieu socio-professionnel où tu te trouves, tu vas être exclu ou renvoyé par ton patron.

Cette marque va provoquer le rejet qui va susciter la haine en toi et t'amener à manifester un comportement de sorcier.

Cette frustration, le sentiment de jalousie qui en découle, vont créer les conditions pour que tu manifestes le comportement de la sorcellerie inconsciente.

Pour t'amener à rejoindre la confrérie des sorciers et à pratiquer la sorcellerie consciemment, ils vont commencer à te tenir des discours inspirés par le diable en personne. Ils te diront : *"Dieu ne t'aime pas ; c'est pourquoi tu souffres tant. Donne-nous ta vie et on va t'aider à réussir dans toutes tes entreprises, pour que tu deviennes riche. "*

En tant que parent, ne néglige pas le comportement irresponsable de tes enfants.

Car c'est cette négligence qui fait que beaucoup livrent leurs progénitures à des marquages sataniques.

À partir d'un certain temps, ces enfants négativement impactés par tes ennemis spirituels vont commencer à devenir irrespectueux, violents, à abandonner l'école, voire à consommer l'alcool et la drogue.

Certains enfants poussent le bouchon loin, au point de battre leurs parents.

Tu es une femme qui a échoué dans ta vie de mariage.

Tu as des enfants de pères différents. Tu crains que tes grandes filles aient le même destin que toi, car elles connaissent des échecs répétés en amour ?

Ce message sur le marquage des enfants te concerne également.

**Fais cette proclamation prophétique pour annuler tous les impacts du marquage spirituel, dans ta vie:**

"Père éternel, que toute marque satanique, qui bloquait ma vie et celle de mes enfants, soit annulée et révoquée, au nom de Jésus-Christ."

"Que mes nuits et mes journées soient des périodes de visitation angélique.

Que ton règne vienne et descende sur ma vie, Seigneur Jésus-Christ!"

"Père éternel, que toute marque dans ma vie, qui amène les fibromes, les kystes, des myomes, et qui attaque mes ovaires, mes trompes, soit effacée maintenant.

Que cette mauvaise semence soit détruite, au nom de Jésus-Christ."

"Je déclare, au nom de Jésus-Christ de Nazareth, que tout mauvais marquage de la sorcellerie pour semer la désolation et la ruine dans ma vie est détruit par le feu du Saint-Esprit."

"Je déclare que tout marquage de la sorcellerie qui combat mon enfantement est détruit, au nom de Jésus-Christ de Nazareth."

"Oh père Éternel, Seigneur Jésus-Christ de Nazareth, je déclare que tout marquage de la sorcellerie sur la vie de mes enfants pour détruire leurs vies est brisé maintenant même."

"Je déclare, au nom puissant de Jésus-Christ, que tout tatouage démoniaque utilisé comme un marquage de la sorcellerie dans ma vie est vidé de sa substance maléfique par la puissance du Saint-Esprit."

"Par l'autorité du Seigneur Jésus-Christ, je déclare que tout sang qui m'appartient et qui a été utilisé dans le monde de la sorcellerie comme un marquage pour anéantir ma vie, disparaît maintenant même par la puissance du Saint-Esprit."

"Père éternel, Seigneur Jésus-Christ de Nazareth, je déclare, par l'autorité de ton nom, que toute Incision qui a été faite sur mon corps et qui représente un marquage de la sorcellerie est vaincu par la puissance du Saint-Esprit."

"Je déclare, au nom de Jésus-Christ, que tout objet de mode, qui représente discrètement un marquage de la sorcellerie et qui combat ma vie, est vaincu par le feu du Saint-Esprit."

"Je déclare et décrète que tout marquage de la sorcellerie opéré sur ma vie par l'adoration inconsciente d'autels diaboliques est brisé, au nom de Jésus-Christ de Nazareth."

"Je déclare que tout marquage de la sorcellerie dans la vie qui combat mon mariage est vaincu, au nom de Jésus-Christ de Nazareth."

"Seigneur Jésus-Christ de Nazareth, viens et sauve- moi de tout marquage de la sorcellerie dû à l'observation de totem, dans ma famille."

## VAINCRE LES OEUVRES DE LA SORCELLERIE

*"Je déclare et décrète que tout marquage de la sorcellerie sur ma vie dû à une adoration de fleuve, de forêt et de montagne est brisé, au nom puissant de Jésus-Christ de Nazareth"*

*"Je décrète, au nom puissant de Jésus-Christ de Nazareth, que toute bénédiction qui m'a été volée, par un marquage de la sorcellerie, au moyen du sexe m'est restitué maintenant même."*

*"Je déclare que tout breuvage que j'ai absorbé et qui constitue un marquage de la sorcellerie est détruit maintenant par la puissance de Jésus-Christ de Nazareth."*

*"Je commande, au nom de Jésus-Christ, que tout marquage de la sorcellerie, qui enfante la pauvreté dans ma vie, est brisé par l'épée du Saint-Esprit"*

*"Je retourne à l'envoyeur, toutes sortes de maladies dues à un marquage de la sorcellerie et je déclare la santé et le bonheur, dans ma vie, au nom de Jésus-Christ de Nazareth."*

## ÉVITER LE PIÈGE DES CADEAUX ENVOÛTÉS

Ce témoignage de soutien à mon enseignement, date de 2007.

Cette année-là, l'église que le Seigneur Jésus-Christ m'a permis de diriger a organisé une campagne de prière de 21 jours. C'est à cette occasion que le Seigneur a révélé l'histoire d'une fillette qui a assommé son professeur d'école dans son songe et l'a tué. Comment en est-on arrivé à ce drame ?

Tout est parti de la générosité d'une tante. Cette dernière, ayant rendu visite à sa sœur, a offert une poupée à sa fille.

En réalité, cette poupée était envoûtée.

La sorcellerie, faut-il le rappeler, peut être transmise par la nourriture, la boisson, par les incisions faites sur le corps, le marquage sexuel ou par des présents offerts etc.

Dans cette histoire, c'est le cadeau offert à cette fillette, en classe de CE, qui a servi de moyen à la méchante tante pour ensorceler sa nièce.

Depuis lors, la gamine qui était timide et douce est devenue nerveuse et haineuse.

Ayant reçu la mauvaise semence de la sorcellerie, elle était prompte désormais à sévir.

Ainsi, elle n'hésitait pas à s'en prendre, en songe, à ceux qui lui causaient du tort, durant la journée.

Nous savons que, dans le passé, dans le système éducatif, certains

enseignants frappaient leurs élèves à la chicote.

Cette gamine, ayant reçu ce pouvoir maléfique, ne tardera pas à régler ses comptes avec son professeur qui l'a frappée en classe.

En plein sommeil, dans un songe, le professeur a reçu la visite de l'élève malveillante qui l'a assommé à mort, tout net.

C'est de cette façon mystérieuse que ce maître est décédé. Cela est su de ma communauté religieuse car lors des 21 jours de prière, la mère a amené sa fille qui était tout enflée, pour demander sa guérison à l'Éternel Dieu.

Voici ce que cette génitrice désemparée a fait savoir : *"Homme de Dieu, on est passé par les hôpitaux pour soigner ma fille, mais on n'a rien vu"* C'est ainsi que je lui ai dévoilé les révélations de l'Éternel.

Je lui ai expliqué que Dieu m'a montré que sa fille est entrée en contact avec un objet maléfique.

Il s'agit d'une poupée envoûtée que sa sœur lui a offerte.

Cette poupée était, en réalité, un point de contact par lequel les sorciers viennent l'influencer négativement, pendant la nuit.

L'objectif recherché par ces derniers était d'envoyer la gamine dans l'univers de la sorcellerie, où ils lui ont endurci le cœur.

J'ai également dévoilé, sous l'inspiration du Saint-Esprit, que c'est aussi sa fille qui a assommé son professeur, et il en a été tué.

Mais je lui ai aussi fait savoir que la cause de la maladie de sa fille est liée à une manœuvre très récente qu'elle a essayé de faire à une de ses amies d'école .

La fillette a tout de suite reconnu ces choses et elle a fait d'autres confidences à sa mère et moi.

Cette histoire montre, à grands traits, comment la sorcellerie inconsciente est transmise aux enfants.

Ainsi, cette petite fille, au cœur endurci par les sorciers, réussissait toutes les missions qui lui étaient confiées par la confrérie.

Elle a enfin révélé, qu'un jour, une de ses camarades d'école l'avait offensée.

Elle a décidé de la faire payer pour cela.

En effet, cette camarade d'école s'est disputée avec elle, pour un ballon de baudruche que cette dernière parviendra à lui arracher.

Elle n'a pas digéré cette offense qui lui a été faite, en jouant.

La petite sorcière rentra à la maison, le cœur rempli de haine.

La nuit, elle décida de passer à l'acte, en punissant cette camarade.

Elle a rajouté, toujours dans ses aveux faits à sa mère, que dans son stratagème, elle voulait que sa camarade enfle comme ce ballon de baudruche.

C'est ainsi qu'elle voulait qu'elle meurt, en s'enflant de maladie.

Mal lui en a pris, car le ballon qu'elle a enflé spirituellement pour aller attaquer sa camarade, s'est éclaté, dans son propre visage.

Dès cet instant, c'est la petite sorcière qui a commencé à s'enfler.

En effet, la mère de ladite camarade de jeu était une femme de prière, qui priait constamment sur sa fille.

Pour cette raison, l'attaque de la jeune sorcière n'a pas prospéré.

La leçon à tirer de ces aveux faits par la petite sorcière, c'est qu'il est important pour les parents de prier pour leurs enfants.

Et mieux, il est salutaire de leur communiquer un esprit de prière, car aucun parent n'est avec son enfant, lorsqu'il se trouve à l'école ou dans un lieu de distraction quelconque.

Le **Psaume 41 v 9** nous avertit :

*"Garantis-moi du piège qu'ils me tendent et des embûches qui font le mal."*

Il y a effectivement des gens tapis dans l'ombre, en mission commandée, contre les justes.

Ils tendent des pièges à toi et à tes enfants.

Ces méchants cherchent à te prendre par surprise.

Connaissant les voies que tu empruntes, ils placent habilement des pièges et des embûches sous tes pas. Ils échoueront parce que tes enfants et toi, vous arriverez avant le malheur et après le malheur.

Jamais, vous ne coïnciderez avec le malheur planifié savamment par Satan et ses suppôts, contre vous.

Nous avons fait le constat que cette petite sorcière, s'était rendue, en songe, chez sa camarade, pour gonfler un ballon, dans l'intention de l'envoûter.

Cela n'a pas marché.

Bien au contraire, le ballon s'est éclaté au visage de cette méchante sorcière. C'est ce qu'on appelle, dans le jargon de la prière, un retour à l'envoyeur.

Et c'est ce sort terrible qui est réservé à ceux qui t'attaquent, au nom de Jésus-Christ.

Tu dois faire attention aux cadeaux, car c'est un moyen de prédilection des sorciers pour sévir et faire du prosélytisme.

J'en veux pour preuve, la mésaventure qu'a vécue une mariée que je connais. La camarade de cette nouvelle mariée lui avait offert un cadeau.

Il s'agissait d'une robe de nuit pour passer une merveilleuse nuit de noces. Elle a accepté ce cadeau envoûté qu'elle a porté, lors de sa nuit de noces.

Elle a piqué une crise et elle s'est retrouvée à l'hôpital.

Le présent envoûté a écourté sa joie. C'est pour cela, il faut prier sur les cadeaux pour désenvoûter ceux qui sont donnés par les méchants pour te faire du mal.

À cet effet, tu dois faire beaucoup attention aux cadeaux qui ne portent pas de nom.

De tels présents sont suspects. Pour éviter les attaques spirituelles, il est fortement recommandé de ne pas offrir tes habits, tes chaussures, tes montres et autres objets personnels aux personnes que tu connais, sans avoir au préalable prié et fait des déclarations là-dessus.

**Cela dit, déclare, après moi:**

*"Père éternel, Haman avait placé un piège, une embuscade, devant Mardochée, pour qu'il soit pendu. Cependant, c'est Haman qui a été pendu, à sa place.*

*Tout piège posé par mes ennemis, contre moi, est désamorcé. Et c'est eux qui tombent dans leurs propres pièges, au nom de Jésus-Christ !"*

*"Je déclare et décrète, au nom de Jésus-Christ de Nazareth, que toute somme d'argent que j'ai reçu comme un cadeau envouté n'a plus de pouvoir sur ma vie."*

*"Je déclare que tout vêtement que j'ai offert, qui a été utilisé pour envoûter ma vie, est consumé maintenant par le feu du Saint-Esprit."*

*"Je déclare que toute somme d'argent que j'ai offert, qui a été utilisé pour envoûter mes finances, est réquisitionné par le Saint-Esprit, au nom de Jésus-Christ de Nazareth"*

"Je déclare que tout vêtement que j'ai reçu comme cadeau envoûté pour détruire ma vie est vaincu, au nom de Jésus-Christ de Nazareth."

"Par l'autorité de Jésus-Christ de Nazareth, je déclare que tout objet envoûté que j'ai reçu et qui est la cause des malheurs dans ma vie est combattu et vaincu par le feu du Saint-Esprit."

"Je décrète et déclare que tout point de contact, dans ma maison, qui a été envoûté afin de détruire ma vie, est exposé maintenant même, au nom de Jésus-Christ de Nazareth."

"Je déclare et décrète que tout cadeau envoûté donné à mon conjoint ou ma conjointe, afin de détruire notre couple, est consumée par le feu du Saint-Esprit, au nom puissant de Jésus-Christ de Nazareth"

"Je déclare et décrète que tout cadeau envoûté, qui m'a été donné afin de détruire ma santé est détruit, au nom puissant de Jésus-Christ de Nazareth"

"Je déclare que tout cadeau envoûté, donné à mes enfants afin de les détourner du droit chemin est exposé et vaincu, au nom de Jésus-Christ de Nazareth."

"Je déclare et décrète que toute personne chargée par le monde de la sorcellerie pour me donner un cadeau envoûté tombe et meurt, au nom puissant de Jésus-Christ de Nazareth."

## ÉLIMINER LES CHIENS SATANIQUES DE TA VIE

Nous introduisons ce sujet portant sur les chiens sataniques qui hantent nos rêves, en te rapportant un témoignage.

C'est le récit d'une femme qui a été mordue par un chien, dans son rêve, et qui s'est réveillée en sursaut, avec le sentiment que son rêve était une réalité.

De la sorte, il y a des songes qui te marquent, au point de te tirer brusquement de ton sommeil.

Lorsque tu fais de tels songes, fais beaucoup attention et lève-toi dans la prière.

Hélas, la femme qui a reçu cette morsure n'avait pas le discernement. Sache que souvent, Dieu t'avertit par de telles informations reçues pour te dire que tu es attaqué.

Cette histoire remontant à une vingtaine d'années, a été vécue par une femme qui était une puissante commerçante, à cette époque.

Ayant reçu l'appel de Dieu, elle est devenue servante de l'Éternel, aujourd'hui. Lorsqu'elle était commerçante, elle achetait des pagnes, au Togo, qu'elle venait vendre en Côte d'Ivoire.

Son activité était florissante, car elle ravitaillait de grands magasins et de prestigieuses boutiques.

Cette riche commerçante d'alors, parrainait même des événements dans certaines églises.

Cependant, elle apprendra, à ses dépens, qu'avec Satan, les actions de libéralité ne suffisent pas pour être épargné des attaques.

À moins d'avoir une vie de prière, le diable entrera chez toi pour détruire ta vie. C'est ce que va vivre justement cette femme qui n'a pu se défendre dans le songe.

Peu de temps après ce rêve-là, elle est tombée malade.

C'était d'abord une fièvre qui s'est manifestée .

Elle a donc pris quelques cachets, sans pourtant se sentir mieux.

Le lendemain, elle s'est rendue chez le médecin.

Les analyses qui lui ont été faites vont révéler qu'elle est atteinte du Vih-Sida.

Un diagnostic qui lui a fait perdre son latin, vu qu'elle avait fait un test de dépistage, un mois auparavant, qui s'était avéré négatif.

Très vite, Dieu lui a révélé un rapport entre cette maladie et la morsure du chien survenue en songe.

Il y a des gens qui font des songes dans lesquels les chiens lapent leurs mains.

Une de mes filles, dans le Seigneur, a fait un tel songe.

Depuis lors, ses finances s'en portaient mal usqu'a ce que le Seigneur Jesus l'en délivre par la prière.

D'autres personnes m'ont rapporté que ce sont leurs parties intimes qui ont été léchées par des chiens.

Depuis lors, elles ont commencé à dégager une mauvaise odeur.

En conséquence, aucun homme ne consent à les approcher ou à les prendre pour épouse.

Si tel est ton cas, ne sois plus troublée, car le pouvoir de ces chiens démoniaques est détruit, maintenant même, au nom de Jésus-Christ de Nazareth.

La dame qui avait été testée positive au Sida, s'est mise au service du Seigneur.

Elle a décidé d'annoncer le nom de son saint rédempteur, partout, dans la rue, dans les domiciles et les marchés. Dieu l'a guérie de cette mystérieuse maladie, aujourd'hui, et elle le sert à plein temps.

Si tu souffrais aussi d'une maladie quelconque, réputée inguérissable, je t'annonce ta guérison, au nom de Jésus-Christ.

Suite à ces témoignages rapportés, il y a des personnes qui se demandent, certainement, si je n'en fais pas trop, en présentant les chiens comme des animaux qui provoquent tous ces dégâts spirituels.

À ceux-là, je suis tenté de poser la question de savoir le nom de l'animal, le plus familier de l'homme. L'homme a deux animaux familiers: la chien et le chat. Cependant, le chien est le plus familier des deux cités. Est- ce parce que les méchants savent que le chien est l'animal de compagnie le plus proche de l'homme qu'ils l'utilisent pour l'espionner?

La question reste posée.

Méditons ce passage biblique pour mieux comprendre.

**Psaume 22.16 v 20:**

Cette phrase citée:

*"Car des chiens m'environnent... ",* montre bien comment les chiens sont utilisés par les ennemis spirituels du juste.

Voici ce que rajoute le **Psaume 59 v 5-6** à cela :

*"Toi, Éternel, Dieu des armées, Dieu d'Israël, lève-toi, châtie toutes les nations ! N'aie pitié d'aucun de ces méchants infidèles.*

*Ils reviennent chaque soir, ils hurlent comme des chiens. Ils font le tour de la ville."*

Il y a des gens qui ont une sensibilité telle qu'ils entendent des chiens hurler, lorsqu'ils rentrent au quartier, nuitamment.

Ceux-là ont certainement fait la remarque que les aboiements des chiens, en journée, ne sont pas les mêmes que les cris qu'ils poussent, tard la nuit.

Dans la journée, les chiens aboient, alors qu'ils hurlent, tard, dans la nuit. Ainsi, l'on peut entendre les chiens hurler de 1h à 4h du matin.

Comment s'explique ce comportement observé chez le chien?

Dans le second passage extrait du **Psaume 59**, l'on observe que c'est ensemble que les chiens se mettent, la nuit, pour hurler.

Les couche-tard savent qu'effectivement, c'est tard, dans la nuit, que ces hurlements dont parle la Bible, se produisent.

Cela ne veut pas dire que nous ne devons pas élever des chiens.

Je veux te faire comprendre que tu dois avoir une vie de prière et faire attention à certaines réalités spirituelles.

C'est ce que je fais, chez moi.

Certes, j'ai des chiens que j'élève, mais je prie beaucoup.

Tu dois en faire autant, tout en ayant à l'esprit que ces chiens que tu vois physiquement, dans ton quartier, et qui se regroupent pour hurler à des heures indues, peuvent être aussi des sorciers, en réalité.

Il y avait un entrepreneur vivant à Paris, qui faisait des affaires, dans le domaine de la sécurité et du gardiennage.

Il avait commencé à faire fortune dans ce secteur d'activité.

Lorsqu'il est venu en Côte d'Ivoire, les jeunes de son village l'ont sollicité pour parrainer une activité qui y avait lieu.

Ils ont dit qu'ils allaient profiter de cette cérémonie pour le célébrer et le présenter aux jeunes de chez lui, comme un bel exemple de réussite sociale.

Il a approuvé cette idée généreuse, pensant certainement être utiles aux siens.

C'est ainsi qu'il est parti parrainer la cérémonie, au village.

Vers 18 heures, ayant fait des dons, composés notamment de chaises roulantes et de l'argent, il s'apprêtait à s'asseoir en public, lorsqu'un chien a surgi de la foule, l'a mordu, avant de prendre la fuite.

Sept mois plus tard, cet homme ayant regagné la France y a trouvé la mort, des suites de cette morsure et son corps a été rapatrié chez lui.

Ainsi, cette morsure satanique lui a donné une *"mort sûre"*, pour parler comme les faiseurs de rimes.

Dans le premier passage, notamment, le **Psaume 22 v 20**, l'auteur supplie son Dieu : *"Protège mon âme contre le pouvoir des chiens. "*

Pourquoi le psalmiste parle ici de protéger *"son âme "* et non pas son corps ?

Le chien mord-il l'âme ou le corps de sa victime ?

En fait, il parle d'âme ici, car ce sont des chiens démoniaques qui le guettent.

De plus, l'auteur fait mention du *"pouvoir des chiens "* parce que les chiens dont il s'agit ici, ont effectivement un pouvoir spirituel.

Ce n'est donc nullement de chiens ordinaires qu'il s'agit.

Il est écrit, dans le même passage extrait du Psaume 22: *"Protège mon âme contre le glaive. "*

Le psalmiste ne dit pas de protéger son âme contre des crocs ou des morsures, mais plutôt contre le glaive, car il sait que ces chiens qui l'attaquent, lui font la guerre comme des humains.

Ils lui en veulent à mort.

La suite du même passage est évocatrice : " *Ils partagent mes vêtements.* "

J'ai demandé, dans les développements précédents, que tu évites de laisser tes vêtements à la merci de tes ennemis.

Les chiens qui ont un puissant flair peuvent te pister et te localiser, quel que soit le lieu où tu iras te cacher, à partir de l'odeur de ton vêtement.

Ce sont des réalités spirituelles à prendre en compte.

Des sorciers ont avoué un jour avoir pris les vêtements d'une femme qu'ils ont portés à un bouc, avant de l'égorger.

Depuis lors, l'odeur repoussante du bouc lui colle à la peau. Elle est donc repoussée partout où elle va.

Des personnes qui avaient beaucoup d'estime pour elle ont commencé à la haïr.

Une autre femme a connu la même situation.

Des sorciers ont volé un de ses pagnes.

Ils ont pris ce pagne volé pour voiler son visage, en esprit.

Depuis ce temps-là, elle a commencé à ne plus refléter la gloire qui était sur elle.

Un autre extrait du même texte est ainsi libellé :*"Ils tirent ma tunique au sort. "*

La tunique représente le plus beau vêtement.

C'est donc un habit de valeur, à l'image de celui que Jacob avait confectionné pour son fils Joseph.

Les méchants te prennent ce qu'il y a de plus beau et valeureux en toi, et ils apportent le rejet dans ta vie.

C'est parce que les méchants connaissent la valeur spirituels de tes vêtements qu'íls les tirent au sort.

Ce sont de tels gens qui jouent avec l'argent qu'ils ont eu, en volant la gloire de leurs victimes. Tu verras ces gens-là distribuer des billets de banque à travers des cérémonies publiques et se faire appeler souvent *"guichets automatiques"* Etc....

La plupart du temps, lorsque tu vois quelqu'un qui a une bénédiction qui vient de Dieu, il ne fait pas le fanfaron avec une telle bénédiction.

En effet, Dieu fait passer ses enfants par le brisement de soi, l'humilité, avant de les élever ou les bénir.

Prie contre le pouvoir des chiens démoniaques qu' utilise la sorcellerie pour te nuire .

**Répète cette prière avec moi:**

*"Père éternel, je déclare que, tout pouvoir des chiens contre ma vie, n'a plus d'autorité, au nom de Jésus-Christ.*

*"Tout chien qui espionne ma maison, mes enfants, ma famille, mon foyer, tombe et meurt, au nom*

*Puissant de Jésus-Christ de Nazareth."*

*"Je déclare que tout chien complice de mes ennemis, qui me combat, tombe et meurt, au nom de Jésus-Christ de Nazareth."*

*"Je déclare que tout chien de la sorcellerie qui apparaît dans mes songes pour créer la peur, est chassé maintenant, au nom de Jésus-Christ de Nazareth."*

*"Par l'autorité de Jésus-Christ de Nazareth, je me lève contre tout chien de la sorcellerie qui en veut à ma vie et celle de ma famille."*

*"Par l'autorité du Seigneur Jésus-Christ, je revêts l'armure du chrétien, afin d'échapper à toute morsure de chien de la sorcellerie."*

*"Je déclare et décrète que tout chien de la sorcellerie envoyé contre moi retourne à l'envoyeur et le mord, au nom de Jésus-Christ de Nazareth."*

"Je déclare et décrète, au nom de Jésus-Christ, que le feu du Saint-Esprit descend, afin de consumer tous les chiens de la sorcellerie qui s'apprêtaient à m'attaquer."

"Je décrète et déclare, au nom de Jésus-Christ de Nazareth, que tout chien de la sorcellerie qui vient contre moi, dans l'intention de me mordre, tombe et meurt maintenant même."

"Je prie et je déclare que le sang de Jésus -Christ de Nazareth neutralise tout pouvoir de morsure des chiens de la sorcellerie dont j'ai été victime, dans mes songes"

"Je déclare, au nom de Jésus-Christ de Nazareth, que tout pouvoir de venin et de morsure de chien démoniaque utilisé par la sorcellerie pour détruire ma vie et celle de la famille, dans les songes, est détruit par le feu du Saint-Esprit"

"Par l'autorité du nom de Jésus -Christ de Nazareth, je déclare que tout esprit de chien de la sorcellerie qui m'envoûte, en me faisant forniquer ou commettre l'adultère, est chassé maintenant même, par le feu du Saint-Esprit."

"Oh Seigneur Jésus-Christ de Nazareth , je décrète par l'autorité de ton nom, que tout Esprit de stagnation dans ma vie, amené sur moi par la morsure de chien, dans mes songes, est vaincu ."

"Je déclare, au nom de Jésus-Christ de Nazareth, que toute puissance et principauté qui m'apparaissent dans mon sommeil, sous la forme d'un chien, est vaincue, par le feu du Saint-Esprit."

*"Je déclare, au nom de Jésus-Christ de Nazareth, que tous les pouvoirs ancestraux de ma lignée, agissant sous la forme de chiens, connus pour tourmenter et appauvrir tout le monde dans ma génération, sont vaincus par le feu du Saint-Esprit Esprit."*

*"Je déclare, au nom de Jésus-Christ, que tout chien démoniaque de la sorcellerie qui a été envoyé dans la vie pour m'espionner, de jour comme de nuit, est chassé maintenant même par le feu du Saint-Esprit."*

*"Père éternel, Seigneur Jésus-Christ de Nazareth, brise les crocs des chiens démoniaques de la sorcellerie qui en veulent à ma vie."*

*"Au nom du Seigneur Jésus-Christ de Nazareth, je déclare que tout chien mort, qui m'a été présenté en rêve afin de tuer mes bénédictions n'a plus de pouvoir."*

*"Par l'autorité du Seigneur Jésus-Christ de Nazareth, je refuse toute maladie injectée dans mon corps par la morsure d'un chien démoniaque de la sorcellerie."*

*"Au nom de Jésus-Christ de Nazareth, je chasse tout chien démoniaque de la sorcellerie qui m'apparaît, à chaque fois que je ferme les yeux pour dormir."*

*"Je déclare que tout (e) sorcier (e) qui prend l'aspect d'un chien pour me combattre est dévoilé maintenant même, au nom de Jésus-Christ de Nazareth."*

# COMBATTRE LA MARQUE NÉGATIVE DES NOMS

D'entrée de jeu, je veux partager avec toi, l'histoire d'un homme qui a été initié à la sorcellerie, par son grand-père.

Ce vieil homme manifestait ses pouvoirs maléfiques, de manière ostentatoire.

Répondant au nom d'Anoukpo, le vieillard était terriblement craint.

En effet, Anoukpo était un chef sorcier dont l'influence s'étendait sur quatre tribus.

Son nom, qui signifie:

*"ce qui est amer "*, était connu de tous.

Il a engendré une fille.

Lorsque cette dernière a commencé à grandir, il a déclaré sur sa vie, qu'à sa mort, l'enfant qui naîtra d'elle devra porter son nom.

Peu de temps après cette déclaration, il mourut.

Sa fille a contracté une grossesse et elle a enfanté un garçon.

Fait curieux : alors que l'enfant est venu au monde un matin, son géniteur, lui, a trouvé la mort le même jour, en soirée.

Néanmoins, comme le vieil homme l'avait exigé, sa fille devait baptiser son garçon de son nom.

Ce qu'elle a fait, respectant ainsi les dernières volontés de son géniteur. Vers l'âge de neuf ans, l'enfant entendait des pas de danse, dans son sommeil.

A l'âge de dix-sept ans, il faisait le constat que dans son sommeil, il se retrouvait au milieu d'une horde de personnes étranges et naines.

C'est ainsi que commença l'initiation de l'enfant qui est devenu un sorcier, par la suite.

Il vivait toujours en autarcie, à l'écart des autres personnes du village.

Ce qui confortait les habitants du village, dans l'idée qu'il était un homme à part.

Ce récit est à mettre en parallèle avec ce que nous dit la Parole de Dieu, au sujet du nom des enfants.

**Luc 1 v 57-60:**

*"Le temps où Élisabeth devait accoucher arriva, et elle enfanta un fils.*

*Ses voisins et ses parents apprirent que le Seigneur avait fait éclater envers elle sa miséricorde, et ils se réjouirent avec elle.*

*Le huitième jour, ils vinrent pour circoncire l'enfant et ils l'appelèrent Zacharie, du nom de son père.*

*Mais sa mère prit la parole et dit : Non, il sera appelé Jean. "*

Les voisins et les parents d'Élisabeth ayant su qu'elle a enfanté, se sont empressés de venir célébrer l'heureuse nouvelle. Le verset 59 attire notre attention sur un fait anormal.

C'est que les voisins et les parents de la mère qui a accouchée se sont précipités pour donner le nom de Zacharie à l'enfant.

Cela est d'autant plus curieux qu'Élisabeth, la mère de l'enfant, qui devrait prendre l'initiative de baptiser l'enfant du nom de son père, Zacharie, a été mise de côté.

Pourquoi les proches d'Élisabeth étaient-ils si pressés de donner un nom à son enfant?

La question reste entière.

Il faut retenir que la génitrice a balayé de la main leur proposition hâtive. Mieux, elle a baptisé son bébé plutôt du nom prophétique de Jean, qui signifie: *" la grâce "*, le *"don de Dieu"*, comme le lui a dit le Seigneur, à travers son ange.

C'est parce que les noms sont importants que, lorsque Marie, mère de notre Seigneur Jésus -Christ, tomba enceinte, l'ange s'empressa d'aller lui donner le nom de l'enfant.

Il lui a demandé que Joseph et elle ne donnent pas un autre nom à l'enfant, mais qu'ils l'appellent Jésus, qui signifie : *"sauveur "*.

C'est ce nom que nous invoquons tous aujourd'hui pour notre salut.

Il faut donner à nos enfants, des noms qui manifestent la gloire de Dieu. Pourquoi les voisins et les parents d'Élisabeth voulaient-ils que son enfant s'appelle Zacharie?

C'est à croire qu'ils ont voulu détourner la destinée de l'enfant, car en s'appelant Jean-Baptiste, il devait être le prophète qui va plonger le Seigneur Jésus-Christ dans l'eau du baptême.

C'est aussi parce que le nom prédestine l'homme que notre Seigneur a dit à Simon : *"On ne t'appellera plus Simon, mais on t'appellera Pierre."*

Le Seigneur Jésus-Christ, voyant une destinée glorieuse pour Pierre, ne voulait pas qu'il continue de porter le nom négativement marqué de Simon. C'est ce nom qu'il portait depuis sa naissance, lui le pêcheur, venu d'un village de pêcheurs.

Or, nous savons que la tradition des pêcheurs, c'est d'adorer les eaux pour avoir de bonnes campagnes de pêche. C'est pourquoi, lorsque le Seigneur Jésus-Christ avait marché sur l'eau et que Pierre a voulu l'imiter, les flots ont failli l'engloutir, en raison des alliances ancestrales entre lui et les eaux qui n'avaient pas encore été définitivement brisées.

Ce phénomène spirituel qu'on appelle la réclamation, a été rendu possible, en vertu du nom de pêcheur que Simon portait.

Si tu es une femme et que tu ne te maries pas, sache qu'il y a des noms marqués tels qu'ils repoussent les hommes et qu'ils inhibent chez eux, tout désir de te prendre pour ''moitié'' ou épouse.

En outre, il y a des noms qui bloquent une autorité voulant signer un papier important, en souffrance sur son bureau, que tu attends, depuis longtemps.

Il y a des noms qui empêchent l'enfantement, influençant tragiquement ceux qui les portent.

Dans le témoignage que nous avons partagé à l'entame de cette séquence, j'ai parlé d'Anoukpo.

Cet homme ayant reçu le nom de son grand-père en héritage, m'a raconté l'histoire de son marquage par le nom. Mais Dieu lui a fait grâce, car il a accepté le Seigneur Jésus-Christ comme son sauveur.

Depuis lors, il a renoncé aux pratiques sataniques et il s'adonne à la prière fervente, jusqu'à ce jour.

C'est cette discipline spirituelle qui a annulé l'impact de toute mauvaise semence liée à son nom sur sa destinée.

Ne permets plus que les gens baptisent tes enfants avec des noms bizarres.

**Maintenant, fais cette prière de délivrance avec moi:**

*"Père éternel, je décrète et je déclare que, toute influence et tout effet diabolique, contenu dans mon nom ou prénom, est consumé par le feu du Saint-Esprit."*

*"Je déclare que tout agent satanique, dans mon entourage, dans mon village, s'étant empressé de me donner un nom de sorcellerie, cette semence est anéantie.*

*Ma destinée, et celle de mes enfants, est relâchée et restaurée, au nom de Jésus-Christ."*

*"Par l'autorité du Saint -Esprit, je renonce à tout nom démoniaque attaché à moi et à ma famille, au nom de Jésus-Christ de Nazareth."*

*"Au nom puissant de Jésus-Christ de Nazareth, je dissocie ma vie de tout nom qui m'a été donné par un pouvoir satanique, par l'épée du Saint- Esprit."*

*"Je déclare et décrète que toutes les conséquences des mauvais noms donnés aux membres de ma famille soient détruites, au nom de Jésus-Christ de Nazareth."*

*"Par l'autorité du Saint-Esprit, je détruis chaque malédiction attachée à tous les mauvais noms de ma vie, au nom de Jésus-Christ de Nazareth."*

*"Au nom puissant de Jésus-Christ de Nazareth, je brise le pouvoir de toute rivière maléfique qui influence ma vie, à travers des noms que j'ai reçus."*

*"Par l'autorité du nom de Jésus-Christ de Nazareth, j'annule toute influence des idoles de ma famille attachée à ma vie par des noms ou des surnoms qu'ont m'a donnés."*

*"Je déclare et décrète que vous, mauvais noms (mentionnez vos noms, prénoms, surnoms...), je renonce à vous et je vous rejette définitivement .*

*Vous n'aurez plus de porte d'entrée dans ma vie, au nom de Jésus-Christ de Nazareth."*

*"Je déclare, au nom puissant de Jésus-Christ de Nazareth que tous les agents de la sorcellerie qui contrôlent ma vie, à travers ces mauvais noms que j'ai reçus, dès ma naissance , tombent et meurent."*

*"Par l'autorité du Saint-Esprit, je refuse que ma vie sois sous la domination d'un nom satanique qui m'a été donné, au nom de Jésus-Christ de Nazareth."*

*"Je déclare et décrète que chaque nom qui me connecte à une confrérie de la sorcellerie, soit détruit, au nom de Jésus-Christ de Nazareth."*

*"Je déclare et décrète, au nom de Jésus-Christ de Nazareth, que mon nouveau nom ou prénom est : victoire , bonheur...(mentionnez à volonté.)"*

Je déclare et décrète que le feu du Saint-Esprit, consume toute marque des mauvais noms dans ma vie, au nom de Jésus-Christ de Nazareth.

*"Je déclare et décrète que chaque mauvais nom caché qui m'a été donné à ma naissance pour détruire ma destinée, est détruit maintenant même, au nom de Jésus-Christ de Nazareth."*

*"Je déclare et décrète que tout mauvais nom qui constitue une chaîne spirituelle pour enchaîner ma vie est brisé, au nom puissant de Jésus-Christ de Nazareth."*

*"Je déclare et décrète que tout agent de la sorcellerie qui m'appelle, de nuit comme de jour, sans que je ne le vois, afin d'enfermer mon âme dans une cage, tombe et meurt maintenant même, au nom puissant de Jésus-Christ de Nazareth."*

*"Je déclare et décrète que toute bénédiction, dans ma vie, qui ont été volée par le pouvoir d'un mauvais nom, m'est restituée maintenant même, au nom de Jésus-Christ de Nazareth."*

# REMPORTER LA VICTOIRE SUR LA MARQUE NÉGATIVE DE TON NOM

Cet enseignement est le prolongement logique du précédent, intitulé:

*"Combattre la marque négative de ton nom"*.

Nous l'entamons, en nous plongeant dans le livre de **Genèse 32 v 27-28:**

*"Il lui dit: Quel est ton nom? Et il répondit : Jacob. Il dit encore : Ton nom ne sera plus Jacob, mais tu seras appelé Israël ; car tu as lutté avec Dieu et avec les hommes, et tu as été vainqueur."*

Ce texte nous rapporte un dialogue entre l'ange de Dieu et Jacob, fils d'Isaac.

Qui était Jacob, dans la maison de son père Isaac et pourquoi ce nom lui a-t-il été attribué ?

Jacob, il faut le noter, est né de Rebecca.

À partir d'un certain moment de sa vie, son comportement a commencé à changer vis-à-vis de son frère jumeau appelé Esaü.

Son frère cherchant à comprendre le mauvais comportement de Jacob l'ayant supplanté par la ruse, s'est demandé, si cela était lié à son nom. En réalité, Esaü avait raison d'établir ce parallèle entre le nom de son frère jumeau et ses mauvais agissements, car Jacob signifie *" celui qui supplante" ou encore " voleur "*.

Cette marque de nom négative va tracer son parcours de vie et influencer sa destinée glorieuse.

Ainsi Jacob va-t-il voler la bénédiction de son frère, lui ravissant son droit d'aînesse, en lui proposant un mets succulent.

À partir d'un certain moment, il sera en cavale, pour échapper au courroux de son frère, cherchant à le tuer. Quelqu'un qui s'appelle voleur ne peut être qu'un homme recherché, et en fuite permanente.

C'est ainsi que Jacob alla se réfugier chez son oncle Laban.

En exil, il va travailler quatorze ans, au lieu de sept, pour épouser la fille de Laban nommée Rachel.

Cela indique que son nom avait une influence néfaste sur sa vie.

Jacob avait pour père, Isaac, qui est le fils de la promesse du patriarche Abraham.

Malgré la prière prophétique qu'il a faite sur Jacob, celui-ci avait une vie pénible, car il était marqué par un nom satanique.

De la sorte, certaines personnes portent des noms de mauvaise influence, leur apportant que de petites avancées dans la vie .

Ainsi, il s'en trouve, des gens qui ont d'importantes bénédictions, en un temps relativement court.

Pourtant, pour obtenir cette même portion de bénédictions, il te faut dix à vingt années.

C'est pourquoi tu es à l'église, depuis de nombreuses années, sans pouvoir te réaliser.

Pour des couples, le mariage qu'ils devraient faire en sept mois, va être célébré finalement, au bout de quatorze ans, comme ce fut le cas de Jacob.

C'est au cours de sa cavale que Jacob, dont la vie est fertile en péripéties, a fait la rencontre d'un ange.

Jacob a combattu contre l'ange.

À un certain moment, l'ange le supplia :

*"Laisse-moi aller, car l'aurore se lève. "*

Cependant, le jumeau d'Ésaü lui a opposé une condition : *"Je ne te laisserai point aller, que tu ne m'aies béni."* **(Genèse 32 v 26).**

De peur que l'aurore ne se lève, l'ange l'a béni, à son corps défendant.

Mais bien avant, l'ange lui a demandé:

Quel est son nom?

Cette attitude diffère de celle observée par l'ange, quand il est parti visiter Marie et Élisabeth, dans les Évangiles.

L'envoyé de Dieu n'a pas demandé à ces femmes saintes, quels noms elles portaient.

Dans la lutte engagée contre l'ange, il s'enquit du nom de Jacob qui le lui dévoila.

La réponse que l'ange lui a faite, ensuite, est troublante révélation :

*"Ton nom ne sera plus Jacob, mais tu seras appelé Israël ; car tu as lutté avec Dieu et avec des hommes, et tu as été vainqueur."*

C'est après avoir changé son nom que l'ange l'a béni.

Bien avant, nous observons également dans l'Ancien Testament qu'Abraham, le père de la foi, a changé d'identité. Son premier nom était Abram, c'est-à-dire *"père élevé"*.

Ce nom lui est donné, au moment où il était idolâtre, et qu'il adorait les choses de la nature.

C'est pour cette raison Dieu lui a dit qu'il ne s'appellera plus Abram, mais Abraham, signifiant : *"Père d'une multitude "*

En d'autres termes, Abraham est le père de la fécondité.

Toi aussi, Dieu change ton nom maintenant!

Que le souffle de la multiplication couvre tes activités, tes affaires, ta vie, ton travail, tes entrailles..., au nom de Jésus-Christ!

Nous constatons que tout nom est marqué, soit positivement, soit négativement.

La vie d'**Abram** nous le montre si bien, avant que Dieu ne change son nom en **Abraham**.

Le patriarche a eu un enfant avec sa servante Agar, à la demande expresse de sa femme Sara.

Toutefois, l'Éternel Dieu n'a pas approuvé la naissance de cet enfant. Pour preuve, lorsque Dieu a demandé à Abraham après avoir changé son nom d'offrir Isaac, son fils, en sacrifice, Il a ignoré intentionnellement Ismael, son premier enfant, né d'Agar.

L'Éternel a ordonné à Abraham :

*"Prends ton fils, ton unique, celui que tu aimes, Isaac ; va-t'en au pays de Morija, et là offrez-le en holocauste, sur l'une des montagnes que je te dirai."* (**Genèse 22.2**)

Ici, l'Éternel montre clairement au père de la foi Que ce que tout enfant de Dieu entreprend, sans le consulter, ne l'engage en rien.

Qui plus est, lorsqu'une personne porte un nom marqué négativement, sa destinée en est influencée durement.

Voilà pourquoi, quand bien même Ismael est en vie, l'Eternel fait l'injonction à son serviteur **Abraham**, de prendre "son unique fils " Isaac pour l'offrir en sacrifice car Ismael était le fruit de celui qui se nommait **Abram** ce qui signifiait père élevé contrairement à Isaac qui est le fils d'**Abraham** père d'une multitude.

C'est de cette façon que le nom de certaines personnes les impacte négativement, empêchant Dieu d'agir dans leur vie.

Alors pose-toi ces questions :

Qui m'a donné le nom que je porte ?

Que signifie le nom que je porte ?

D'où provient le nom que je porte ?

Pour trouver des réponses à toutes ces questions, je t'invite à lire mon prochain livre : Et si ton NOM te disait NON!

C'est maintenant l'heure d'annuler l'impact de ces noms sataniques qu'utilise la sorcellerie contre ta destinée .

**Fais cette déclaration :**

*"Père éternel, au nom du Seigneur Jésus-Christ, change mon nom ; donne-moi une nouvelle identité."*

*"Fais de moi, une nouvelle personne, à partir de cet instant. Envoie ton ange pour me localiser et apporter l'onction de multiplication dans ma vie, mes activités, mes entrailles."*

*"Oh père, donne-moi la victoire sur tout blocage lié à la mauvaise signification de mon nom."*

*"Je déclare que tout tout mauvais nom qui combat ma vie maritale est vaincu, au nom de Jésus-Christ."*

*"Je déclare que tout mauvais nom qui constitue une porte pour la maladie, dans ma vie, est détruit à jamais, au nom de Jésus-Christ de Nazareth."*

*"Je déclare que tous les noms démoniaques qui freinent l'évolution de la vie de mes enfants sont vidés de leurs substances maléfiques, au nom puissant de Jésus-Christ de Nazareth."*

*"Je déclare que toute influence d'un mauvais nom qui apporte le rejet de ma personne dans la société est vaincu, au nom de Jésus-Christ de Nazareth."*

*"Je déclare que tout nom de fétiche qui m'a été donné, afin de me rendre esclave spirituellement, est vaincu et détruit, au nom de Jésus-Christ de Nazareth."*

*"Par l'autorité du Saint-Esprit Je renonce à tout nom démoniaque attaché à moi et à ma famille, au nom de Jésus-Christ de Nazareth."*

*"Au nom puissant de Jésus-Christ de Nazareth, je dissocie ma vie de tout nom qui m'a été donné par un pouvoir satanique, par l'épée du Saint-Esprit."*

*"Je déclare et décrète que toutes les conséquences des mauvais noms donnés aux membres de ma famille sont détruits, au nom de Jésus-Christ de Nazareth."*

*"Par l'autorité du Saint-Esprit, je détruis chaque malédiction attachée à tous les mauvais noms de ma vie, au nom de Jésus-Christ de Nazareth."*

*"Au nom puissant de Jésus-Christ de Nazareth, je brise le pouvoir de toute rivière maléfique qui influence ma vie, à travers des noms que j'ai reçus."*

*"Par l'autorité du nom de Jésus-Christ de Nazareth, j'annule toute influence des idoles de ma famille attachées à ma vie par des noms ou des surnoms qu'ont m'a donnés."*

*"Je déclare et décrète que vous, mauvais noms (mentionnez les noms), je renonce à vous et je vous rejette définitivement.*

*Vous n'aurez plus de porte d'entrée dans ma vie, au nom de Jésus-Christ de Nazareth."*

*"Je déclare, au nom puissant de Jésus-Christ de Nazareth, que tous les agents de la sorcellerie qui contrôlent ma vie, à travers ces mauvais noms que j'ai reçus dès ma naissance, tombent et meurent."*

*"Par l'autorité du Saint-Esprit, je refuse que ma vie soit sous la domination d'un nom satanique qui m'a été donné, au nom de Jésus-Christ de Nazareth."*

*"Je déclare et décrète que chaque nom qui me connecte à une confrérie de la sorcellerie, soit détruit, au nom de Jésus-Christ de Nazareth."*

*"Je déclare et décrète, au nom de Jésus-Christ de Nazareth, que nom nouveau nom est : victoire , bonheur....(mentionnez à volonté.)"*

*"Je déclare et décrète que le feu du Saint-Esprit, consume toute marque des mauvais noms, dans ma vie, au nom de Jésus-Christ de Nazareth."*

*"Je déclare et décrète que chaque mauvais nom caché qui m'a été donné, à ma naissance, pour détruire ma destinée, est détruit maintenant même, au nom de Jésus-Christ de Nazareth."*

*"Je déclare et décrète que tout mauvais nom, qui constitue une chaîne spirituelle pour enchaîner ma vie, est brisé, au nom puissant de Jésus-Christ de Nazareth."*

"*Je déclare et décrète que tout agent de la sorcellerie qui m'appelle, de nuit comme de jour, sans que je ne le vois, afin d'enfermer mon âme dans une cage, tombe et meurt maintenant même, au nom puissant de Jésus-Christ de Nazareth.*"

"*Je déclare que tout nom maléfique qui transporte l'échec répété dans ma vie est détruit maintenant même, au nom puissant de Jésus-Christ de Nazareth.*"

"*Oh Seigneur Jésus-Christ, lève- toi et détruis toute influence du mauvais nom, qui provoque l'humiliation dans ma vie.*"

## LA VICTOIRE DES NOMS PROPHETIQUES SUR TOUTES LES ATTAQUES DIABLOQUES

Le nom est un déclencheur de bénédictions ou de malédictions.

Nous venons de mettre en lumière cette vérité, dans l'enseignement précédent.

C'est dans cette droite ligne que s'inscrit le témoignage suivant.

Il s'agit de l'histoire d'une femme qui a mis au monde cinq braves garçons. Cette mère a pleuré longtemps, devant la face de Dieu, pour qu'Il lui accorde la grâce d'avoir une fille.

Dieu exauça sa prière.

Une merveilleuse fillette lui naquit, qu'elle baptisa du nom composé de Victoire Anne ; la seconde appellation signifiant: *"la grâce "*.

Victoire-Anne a eu une enfance pénible.

Alors que certains de ses grands frères, déjà adultes, travaillaient, dans la vie active, elle était souvent malade et chétive.

Néanmoins, par la puissance de la prière, la santé de la fillette s'est améliorée.

Puis Viendra le temps de l'inscrire à l'école.

Élève brillante et studieuse, Victoire-Anne a eu un parcours scolaire et universitaire de qualité.

L'apprenante qui était la major de sa promotion, a trouvé rapidement un bon travail.

Ça ne fut pas le cas de ses aînés, dont certains se sont retrouvés au chômage.

Par la force des choses, la benjamine qu'elle est, a commencé à porter ses grands frères à bout de bras.

Ainsi, c'est elle qui va payer le loyer des uns et les factures des autres.

Un jour, le puîné de la fratrie se révolta contre cette situation.

Il n'a pas tardé à réunir ses autres frères pour tirer l'affaire au clair.

Par Bishop César Kassie

Ses quatre autres frères en sont venus à tirer la même conclusion que lui et à soutenir que leur jeune sœur avait volé leur gloire d'aînés, à leurs dépens.

À partir d'un certain moment, ils se sont mis à se méfier de leur cadette qu'ils chargèrent de tous les péchés.

Ils se sont mis à comploter contre elle, à son insu.

Par la suite, les frères jaloux se sont rendus chez un féticheur pour le consulter, au sujet de la soudaine ascension socio-professionnelle de leur sœur.

Ce dernier leur a demandé une photo de la mise en cause pour faire le boulot.

Lorsqu'ils lui ont remis la photo, ils ont été étonnés de la réaction bizarre du devin, à la vue de son image.

Il leur a dit, par la suite, qu'il était au regret de ne pouvoir les aider, car la personne qu'il voyait sur cette photo était puissante.

Les frères, désemparés, ont cru que leur sœur faisait partie d'une loge, d'une secte ou d'une redoutable confrérie de sorciers.

Pour les sortir de l'embarras, l'un d'eux a proposé d'aller consulter un homme de Dieu de renom.

Ils se sont rendus chez le prophète qui les assura que la main de Dieu est sur cette fille, depuis sa naissance jusqu'à ce jour.

Il les certifia : *"La venue de cette jeune fille est une naissance révélée et bénie de Dieu. "*

Alors, les frères de Victoire-Anne se sont regardés, tout confus.

L'homme de Dieu demanda le nom de leur cadette, avant de les assurer qu'il leur était impossible de la combattre. Mieux, il leur a conseillé vivement de plutôt collaborer avec elle.

L'aîné des cinq frères s'est souvenu que sa mère avait prié beaucoup pour que Dieu lui donne cette enfant.

Cette histoire explique les bienfaits du marquage positif des noms donnés prophétiquement aux enfants de Dieu.

Car il y a des mauvais marquages c'est-à-dire avec de mauvais noms et aussi de bons marquages avec des noms ayant une bonne signification.

C'est ce bon marquage que Victoire-Anne a reçu.

De toute évidence, l'attitude de ces cinq frères est irresponsable, d'autant que leur benjamine les a soutenus financement et matériellement.

Ainsi, elle payait leurs loyers et leur cherchait du boulot.

Malheureusement, l'attitude ingrate des frères aigris est celle que l'on constate, dans les familles où un bienfaiteur se bat pour soutenir les siens.

De toute évidence, quand quelqu'un vient du "ciel", il ne peut pas espérer qu'on l'aime, en général.

La parole de Dieu nous conforte, à ce propos, dans le **livre de Juges 13 v 24:**

*"La femme enfanta un fils, et lui donna le nom de Samson. L'enfant grandit, et l'Éternel le bénit."*

Samson, à qui le texte biblique réfère ici, était un redoutable guerrier.

À lui seul, il pouvait exterminer toute une armée.

Ce n'était pas le fruit du hasard, étant donné que **Juges 24 v 3** explique comment un ange a inspiré prophétiquement le nom de Samson à ses parents.

À sa naissance, on lui a donné l'appellation Samson, signifiant : *"petit soleil",* en hébreu.

Or, le soleil éclaire, là où il y a des ténèbres.

Le soleil qu'était Samson avait la glorieuse mission d'éclairer sa famille et son peuple .

Sa vie a été un témoignage de cette puissance et de cette lumière révélée. Ainsi, Samson a combattu contre un lion et il l'a déchiré, les mains nues, comme un chevreau.

Tout comme Samson, tu n'as pas besoin d'avoir forcément un ami ou un parent, qui va manœuvrer pour toi, pour réussir à passer les grandes épreuves de ta vie.

Il te suffit d'avoir foi en Jésus-Christ, notre Seigneur, dont le nom est au-dessus tout nom.

Pour sa part, Samson a combattu le lion, les mains nues. Cela signifie: affronter la situation qui se présente à toi, sans l'aide de qui que ce soit, sauf avec l'aide invisible de Dieu.

Sais-tu pourquoi ce lion avait attaqué Samson ?

Il l'a fait, parce qu'il a vu que Dieu est en alliance avec lui.

C'est de cette façon que tu es combattu, dans ta famille, dans ton service, dans ton voisinage, par des méchants, car il y a une grande prophétie, une bénédiction spéciale, qui est attachée à ta vie.

Mais attention, un mauvais marquage dû à un mauvais nom sur ta vie, peut combattre ta destinée.

C'est pourquoi la sorcellerie est facilitée par le phénomène des mauvais noms, pour détruire la vie des personnes ayant une grande destinée.

**Juges 6** nous parle également de Gédéon, un nom qui veut dire: *"celui qui coupe ou celui qui fait tomber ".* Ce personnage biblique a été visité par l'ange de l'Éternel, qui lui a révélé sa vraie identité. Voici comment il s'est adressé à lui : *" L'Éternel est avec toi, vaillant héros !"* (**Juges 6 v 12**). Gédéon a tenté de dissuader l'ange, lui faisant savoir qu'il est le plus petit, dans la maison de son père et que sa famille est la plus pauvre de la tribu de Manassé.

Si tu réfléchis comme Gédéon, tu te trompes lourdement.

Qui t'a dit que ta destinée dépend de ta petitesse ou de la condition sociale de la famille où tu es né(e) ?

Dieu ne regarde pas à toutes ces choses pour bénir une personne dont le nom est marqué prophétiquement.

Voici comment Dieu l'a choisi et lui a dit de briser l'autel de Baal, qui appartient à son père.

Mais à bien y regarder, nous voyons que Gédéon était prédisposé à accomplir cette mission, vu la signification de son nom qui, je te rappelle, signifie :

*"faire tomber ou couper".*

Comme le révèle son nom, Gédéon a effectivement fait tombé cet autel de la sorcellerie qui appartenait à son père .

Toi aussi, tout comme Gédéon et Samson, Dieu veut pouvoir compter sur toi pour renverser tout ce que tes ennemis avaient disposé contre ta famille.

Si, dans le jardin d'Eden, l'Éternel a demandé à Adam de donner un nom à chaque animal qu'Il a fait défiler devant lui, c'est que pour le Créateur, le nom est important, dans la vie de toute créature.

**Fais les déclarations prophétiques suivantes pour vaincre les œuvres de la sorcellerie, à travers les mauvais noms, dans ta vie:**

"Père éternel, je prophétise sur mes entrailles, ma grossesse, mon emploi, et je dis que le nom que je porte désormais, s'appelle bénédiction, succès, grâce, excellence...

Je décrète, pour moi et pour mes enfants déjà nés, des noms positifs.

Qu'il en soit ainsi désormais, au nom de Jésus-Christ.

Je décrète, par l'autorité du Saint- Esprit, que la force et la puissance que l'Éternel m'a données, je les exerce pleinement, dans tous les domaines de ma vie, au nom de Jésus-Christ.

Je déclare et décrète que là où personne n'est arrivé, dans ma famille, mon entourage, j'atteindrais ce niveau, dans ma vie.

Que cela s'attache solidement à ma destinée, au nom de Jésus-Christ de Nazareth.

Je déclare et décrète que toute personne qui cherche à m'envoûter, à partir de mon nom, échoue lamentablement, au nom puissant de Jésus-Christ de Nazareth.

Je déclare et décrète que le nom de ma famille, qui détruit la destinée de ses membres, est vidée de sa substance maléfique, au nom puissant de Jésus-Christ de Nazareth.

Oh Seigneur Jésus-Christ de Nazareth, remplis mon nom avec une onction extraordinaire pour les ouvertures des portes, dans ma vie.

Je déclare que mon nom est béni par le Seigneur Jésus-Christ de Nazareth et il devient une clé qui ouvre la porte des finances, dans ma vie.

Seigneur Jésus-Christ, délivre mon nom de sa substance diabolique afin d'attirer l'honneur et la joie dans ma vie .

Je déclare que toute malédiction familiale qui influence mon nom n'a plus de pouvoir car le Seigneur Jésus-Christ de Nazareth a béni mon nom.

Je ne serais plus esclave de cette malédiction.

Je déclare et décrète que toute puissance maléfique, dans le nom de mon conjoint (si tu es une femme mariée) que je porte, qui combat ma vie, est définitivement vaincue, au nom de Jésus-Christ de Nazareth.

Je déclare et je décrète que tout nom envoûté que j'ai donné par ignorance à mes enfants, est vidé de ses substances, par la puissance du Saint-Esprit, au nom puissant de Jésus-Christ de Nazareth.

Je déclare et je décrète, au nom de Jésus-Christ de Nazareth, que tout nom de la société dans la quelle je travaille, qui combat ma vie, est vaincu par la puissance du Saint-Esprit.

Je déclare et décrète que le nom de l'école de mes enfants n'aura aucune conséquence désastreuse sur leur parcours scolaire, au nom puissant de Jésus-Christ de Nazareth.

*"Oh Seigneur Jésus-Christ, ne laisse pas le nom du quartier dans le quel j'habite détruire ma destinée.*

*Je proclame que j'ai la victoire sur ce nom, par l'autorité suprême du nom de Jésus-Christ de Nazareth."*

*"Je déclare que tous les noms démoniaques, qui freinent l'évolution de la vie de mes enfants, sont vidés de leurs substances maléfiques, au nom puissant de Jésus-Christ de Nazareth."*

*"Je déclare que, toute influence d'un mauvais nom, qui apporte le rejet de ma personne, dans la société, est vaincue, au nom de Jésus-Christ de Nazareth."*

*"Je déclare que, tout nom de fétiche, qui m'a été donné afin de me rendre esclave spirituellement, est vaincu et détruit, au nom de Jésus-Christ de Nazareth."*

*"Par l'autorité du Saint -Esprit, je renonce à tout nom démoniaque attaché à moi et à ma famille, au nom de Jésus-Christ de Nazareth."*

Par Bishop César Kassie

"Au nom puissant de Jésus-Christ de Nazareth, je dissocie ma vie de tout nom qui m'a été donné par un pouvoir satanique, par l'épée du Saint- Esprit."

"Je déclare, au nom puissant de Jésus-Christ de Nazareth, que je suis libéré de toutes sortes d'envoûtements qui combattent ma vie, à partir de mon nom."

www.ingramcontent.com/pod-product-compliance
Lightning Source LLC
Chambersburg PA
CBHW071616080526
44588CB00010B/1154